名师工程

新教育力译丛

让教学成为神圣的艺术

Teaching—The Sacred Art:
The Joy of Opening Minds and Hearts

[美] 简·E.温纳德（Jane E.Vennard）/ 著 　杨华　刘芸 / 译

 西南师范大学 出版社

国家一级出版社 全国百佳图书出版单位

图书在版编目（CIP）数据

让教学成为神圣的艺术 /（美）简·E. 温纳德
（Jane E.Vennard）著；杨华，刘芸译 . -- 重庆：西南
师范大学出版社，2016.4

书名原文：Teaching—The Sacred Art:The Joy of
Opening Minds and Hearts

ISBN 978-7-5621-8688-5

Ⅰ . ①让… Ⅱ . ①简… ②杨… Ⅲ . ①教育工作
Ⅳ . ① G4

中国版本图书馆 CIP 数据核字（2017）第 070713 号

让教学成为神圣的艺术

著　者：[美] 简·E. 温纳德（Jane E.Vennard）

译　者：杨 华 刘 芸

责任编辑：郑持军

封面设计： 勤想 设计

排　版：重庆大雅数码印刷有限公司·王 兴

出版发行：西南师范大学出版社　地址：重庆市北碚区天生路 1 号
　　　　　　邮编：400715　市场营销部电话：023-68868624

经　销：新华书店

印　刷：重庆紫石东南印务有限公司

开　本：720mm×1030mm 1/16　　**印 张：**11　**字 数：**120 千字

版　次：2017 年 4 月第 1 版　　**印 次：**2017 年 4 月第 1 次印刷

著作权合同登记号：版贸核渝字（2017）第 079 号

书　号：ISBN 978-7-5621-8688-5

定　价：30.00 元

目 录

前　言

　　我出身教育世家。 我的外祖母在高中教希腊语和拉丁语，母亲教初中数学，父亲是大学的工程学教授。 如果我说不想跟教育沾一点边，大家一定可以理解。 我喜欢学习，但从来没想过要站上讲台。 那么，我是怎么发现教书是我的职业召唤、是我的天职、是我的激情所在呢?

　　我大四的时候还没有任何目标，不知道毕业后该做什么。 一天，我看到学校布告栏里有一则全美学校系统的招聘广告。 全美学校系统负责运营世界各地的英语学校。 当时，我并非被那个教职所吸引，而是对由此而来的旅行感兴趣。

填了相关的表格后，我进入了面试。他们问我愿意去哪里。"巴黎、阿姆斯特丹，也许日内瓦。"我回答说。

"你和其他姑娘没什么两样，"他们对我说，"如果你愿意到别人不愿去的地方，我们可以考虑让你去。"

"会是哪儿？"我问道。

"中国台北。"他们回答说。我同意了，便回到家里查看地图。

八个月后，我来到了台北市天母小学，我为 28 个四年级学生布置教室。我对教书这件事很兴奋，但对由此而来的挑战没有一点准备。我学过教育哲学和发展心理学，但这些没有任何用处。我没受过任何教师岗位培训，对课程计划、课堂管理一窍不通。

第一年很是糟糕。每天一早醒来，想到又得到学校，我就忍不住流泪。我根本管不住学生，他们不尊敬我。我艰难地拽着他们学，给他们听写、布置作业，但收效甚微。我痛苦，他们也不好受。我担心我该如何熬过合同的第二个年头。

当暑假来临，他们要求我教两个暑期班，我勉强答应，不过后来我发现这是个明智的决定。尽管带着各种恐惧和担忧开始，但就在那个暑期，我获得了丰富的教学经验。我被安排负责两个小班的教学，一个是三年级的阅读补习课，另一个是中学生的数学培优课。两个班的学生都有强烈的学习欲望。阅读课的学生知道自己已经落后了，他们想追上自己的同学。中学班的学生本来就痴迷于数字，他们喜欢利用各种机会拓展自己在数学上的特殊才能。

　　在这两个班，我目睹了学生为学习做出的各种努力，也看到了他们学到新东西后的各种兴奋。 以新的状态面对学生，我的专业能力和信心也开始增长。 我学会发现学生的不同需求，观察他们不同的学习风格并在必要的时候因材施教。 我盼望着新的一天来临，想的不仅仅是我要教什么，还想着如何提升自己的教学技艺。 有一次，一个男孩手里拿着一本书，满眼惊奇地走过来对我说："你猜怎么着？ 所有这些字都是有一定意思的。" 我觉得这是那个暑期最精彩的时刻。

　　第二年的日子好过多了，不过我意识到，关于教学，我仍然还有很多东西需要学习。 我申请了一个教育方面的硕士课程，一回到美国，我便开始埋头学习。 那一年真是太精彩了！ 我跟暑期班的学生一样，如饥似渴，老师教的任何好东西都照收不误。 毕业的时候，我非常兴奋，我终于找到了自己热爱的职业，充分准备着，期待投入到新的教学中。

　　如果你正在读这本书，也许你也有跟我类似的经历，误打误撞进入教师这个行业。 有些人很早就接受职业召唤，成为教师，而有些人却要历经一些曲折才能听到自己的职业召唤。 也许你一开始从事的完全是另一个行业，因为合同条款，你不得不带些学生，成为他们的导师，这时，兴奋与好奇在你心中升起。 也有可能是你暂时没有工作，朋友请你在他的托儿所帮帮忙，而你目睹小家伙们学习，一种喜悦油然来到你心里。 还有可能是在你的教区，你被邀请在一个教会的教育项目里授课，有机会跟不同年龄的人分享自己的信仰，你因此而感到神奇不已。 又或者，你在家教自己的孩子，由此而感受这个任务的神圣。

你可能不是，也许一辈子不会是一个教师，但你却注定是个终身的学习者。 你还记得你曾为有过一个好老师而心存感激，也为他的能力感到好奇不解吗？ 我在想，这本书的题目把神圣与教书挂起钩来，也许这样能引起你的注意，也许还能引起你的共鸣。 当教书成为神圣的艺术，它就成了一些人的天职。

当教书成为一个职业

我们家从事教育的女性都没有太长的教龄，她们对教书并非充满激情。 尽管她们都挺热爱这个职业，但她们结婚后都辞职不干了——我的外祖母，因为在 19 世纪 90 年代里女人一旦结了婚就不准当老师了。 我母亲，因为在大萧条的年代里一家人只能有一个人工作。 而我的父亲则早在麻省理工学院做硕士研究生时就明白了自己的职业所在。 不知他早年是否跟我一样也有过职业上的挣扎，也不知道他何来的自信和决心，推掉了其他工作机会而专心从事他的学术研究。 我在想，一定是在教与学的过程中，某一点触动了他的心灵，唤醒了他的创造力。

　　我父亲早年在纽约大学执教，他发现，在他的流体机械学方面还没有一套像样的教材，于是他决定自己编写。他每次都提前一个星期把教材用手写好，然后发给学生。当教材正式出版后，引起了位于加州的斯坦福大学工程学院的注意，他们邀请他入职。尽管许多同事试图说服他别去，他还是于1946年毅然向西。

　　在他60岁逝世时，父亲已从教24年，成为全职教授。他编写的教材再版四次，教了几千学生。他不仅在教室里授课，还与学生一起待在巨大的实验室里，共同探索流体的奥秘。他拒绝了成为系主任的机会，因为他知道，这会使他远离教室。

　　多年以后，当母亲要卖掉我们度过童年时光的房子时，我们扔掉了许多父亲留下的东西。接下来的岁月，随着母亲的离世，我和姐姐陆续东搬西迁，更多父亲的东西被遗弃，到最后，只剩下一个斯坦福大学工程学院授予他的执教24年的纪念相框，一个有"文纳德"（VENNARD）字样的名牌，一个拆信器，一本破旧的黑皮的《教学的艺术》。

　　这本书于1951年出版，现在放在我的书架上。几年前我丈夫从我家的书堆里发现了它，我才开始注意到这本书。开始我并没在意它的标题，我很高兴拥有这本书，但只是把它和其他书籍放在一起，不久就忘了。当我应星光道路出版社邀请加入他们的"神圣的艺术"系列书籍项目，开始着手写这本书时，我才又开始注意到它。我记得这是父亲留下的书，叫《教学的艺术》。有趣的是我没有急于读它，我只是知道它的存在。 我开始用新的眼光审视它，通过它我感觉到与父亲的联系——我们有着相同的职业。 就好像父亲在天之灵在为我的新项目祝福。

最终我打开书，开始阅读该书的前言，我才懂得，父亲为什么如此珍视它。 这本书的作者吉尔伯特·海伊特（Gilbert Highet）反对教学是一门科学的提法。 他写道：

"教学涉及情感，情感是不可系统评估和应用的；教学涉及价值观，这也在科学研究的范围之外……教学不是诱导一个化学反应，它更像画画或音乐，也更像经营一个花园或给朋友写一封信。 你必须用心，不能用公式，否则你会毁了你的作品，你的学生和你自己。"[1]

事情的核心

全身心投入教学可以使我们的教学经验鲜活起来。 对学生、教学资源、我们的长处、我们的缺点敞开心扉，这时的教学就会成为神圣的艺术。 我在教学的艺术前加上"神圣"二字，并不是要把它看作宗教意义上的圣召，而是要赋予教师这个职业应有的尊重和敬畏。 当某个东西被看成神圣的时候，人们就会把它与别的东西区别对待，其价值就会得到应有的尊重。 我坚信教师的职业应该享有这样的待遇。

　　当你带着这样的态度走进教室，对你的学生敞开心扉，你就会对他们尊重有加。 这并不是说你得整天一直爱他们每一个人。 我们是人，自然会对一些学生有所偏爱，自然会在某一天不想理会他们，甚至会暗自希望某个学生干脆别再来了。 关注你的这些内在感受，认识并接受你的这些情绪，可以使你更尊重同情学生，把他们看作一个个单独的、有着各自背景的个体。

　　当我们用心投入所教的内容，我们就会对我们的教学内容充满敬畏，此时的学科也会变得令人兴奋。 如果我们不爱我们所教的学科，教和学就很快会变得枯燥乏味。 我高中时有个美国历史老师，每年的授课内容都一成不变。 我那年得到的经验就是历史太无聊，跟我的生活毫无瓜葛。 我想，你也许有过这么一位老师，他与他教的学科以及他的学生一点联系都没有，甚至他与生活本身都没有一点联系。（我想你也许还有过这样的老师，他全身心投入教学，在这种老师的教室、办公室，甚至工作场所会是一种什么体验？ 他们有没有鼓舞你、推动你，即使在面临最具挑战的情况时？）

　　不想变得使人厌烦，因此我离开了执教六年的小学。 我并非对教书失去了热情，而是对所教的学科越来越没有兴趣。 分数、昆虫、地理、拼写等等，这些在一开始很有趣，能促使我去创造一些方法来帮助孩子们更好地学习，但久而久之，一切都不那么有趣了。

　　同样，在教师培训上，我教了几年课堂管理、自尊、性别歧视等课程后，也感到无趣了，我甚至无心跟进师资培训领域的最新研究

7

成果。 现在的我从事祈祷和灵修方面的教学，对此我感到不断被挑战，具有无穷的创造性。 显然，我非常热爱现在所教的课程，我的热情也感染了我的学员们。 在我早年的教学生涯里，我问过六年级的学生最喜欢哪门课程，他们大多数的回答是诗歌和制图课。 开始我有些不解，不过我马上就明白了，这两门课也是我最爱教的。 因此我得出这样的结论：教师对所教内容的热爱会深深影响学生的学习过程。

除了尊重学生、热爱所教的学科、热爱教和学的过程，作为教师，我们还应该注意这么一个问题，那就是关注我们的内心世界——即关注我们的工作动力、态度、感情、优点和缺点。 我们的内心世界决定着我们如何从事教学工作、如何对待我们的学生。 如果我们一味关注外在世界，就会忽视我们丰富精彩的心灵。 我从事多年教学实践，与小学生、家长、老师、进修生甚至教会人士都打过交道，我发现，从许多方面来看，我们怎么教、教什么其实都与我们是什么样的人有关。 我们的任何表现，包括我们如何面对学生、怎样面对周边环境等，这些都在对我们的教学对象进行着潜移默化的影响。通过课堂管理，我们可以教学生如何与他人竞争和合作。 通过行使我们的课堂权威，我们可以教学生如何控制和管理他人，如何合理对他人使用自己手中的权力。 当我们犯了错误并因此道歉的时候，我们在教导学生不要回避自己的错误，要从自己的错误中吸取教训。

当你回顾人生中各个阶段的学习时，哪个班、哪门课程、哪个老师最令你难忘？ 我还记得，五年级时教我长除法的拉斯特夫人，我印象最深的是她那高贵的样子、她对别人的尊重、她对我们不良行为的善待、她的耐心和好脾气。 她如此清晰明了地展现自己，我深信她一定非常清楚自己在教给学生什么，她教给我们的是言行一致的诚信。

教书生活

这本书的主题是教学生活——关于它的混乱、神奇、欢乐和挫折，关于教师的真实的日常责任。 起初我本来想针对各种层次的教师，我明白，教育散布在我们人生的各种场景之中。 父母是我们最早的老师，因此这本书里的各种故事各种思想观念其实也适合当父母的。 此外，神圣的教与学也常见于公司、宗教团体、工作场所、咖啡吧、酒吧、运动场甚至监狱。 因此，除了你们在教室里的经历，我也请大家关注一下可能存在于你生活中的其他教与学的经历。

这不是一本教你如何做的书，它没有多少建议提供给大家。 然而，它要给大家一幅关于教学的宏大的画面，通过他人的教学经历给读者带来一些灵感，反思自己的教学。 每一章后面都设计了一些活动，帮助大家对自己的教学进行反思。 相信通过我们的反思，一定有助于了解我们自己的希望和恐惧、欢乐与郁闷、才能与缺陷，并因此学会如何面对我们每日的现实世界。 很多老师的教学环境一定不尽如人意，我们的各级学校，包括高等学校，都面临着缺乏资金、应付标准考试、社区支持越来越少、管理层和教职员工矛盾重重等问题。 你想使用的教学手段可能在你的学校得不到支持。 你所教的班级规模也可能限制一些活动的开展。 你可能觉得自己有待重新充电，也可能觉得垂头丧气。 你可能在想着辞职，也可能在期盼着有朝一日，你所在的学校能来一场大的改革，甚至来个彻底的改头换面。

大多数学生、老师、家长和教育管理者对教育都怀着许多共同的希望。 我很清楚我的希望。 不过此书不是一本教育理论书籍，也不是关于如何建立一所好学校的书籍。 它只是一本激发你审视自己内心的书籍，请你对自己的动机、你此时此刻所做的选择、你想把欢乐带给你学生的愿望等等审视片刻。 我们教书的环境并非完美无缺，尽管我们为了使它完美花费了大量精力，但结果并非如我们所愿。 我的希望是，此书里的思想观念和所讲的各种经验能唤醒你当初选择教师这个职业时的激情，激发你的所有才能——一方面对周边的环境要有现实的态度，另一方面要对你的职业、你的学生、你所教的学科饱含激情。 这样你才能明白，为什么教学是门神圣的艺术。

在第一章，我用了不同教师群体的故事探讨了职业召唤。 有的人很早就感受到自己的职业召唤，而有些人要在做了几种不同的工作后才能清楚自己的职业召唤。有的人甚至到了很晚才明白自己的职业召唤，他们毅然放弃已经从事多年的职业或事业去听从这个召唤。

第二、三章主要关注如何尊重学生、热爱自己所教的学科、激发学生的学习热情，如何在教学过程中与学生互动。我将要探讨三种课堂模式，即"教师为中心""学生为中心"和"学科为中心"的课堂模式。并反思在不同场景下面对不同的学生，这三种模式应该有的不同作用。

第四章主要讨论我所谓的神圣的语言。神圣的语言是个人的、发人深省的、有寓意的、开放的。当教师用这样的语言和学生交流的时候，学习就和生活经验联系起来了。静默和倾听是这种神圣语言的一部分。我们的静默表明我们愿意等待各种思想的涌现，表明我们不干预学生的创造过程，表明我们愿意用心聆听每个学生的需求以及他们的担心和恐惧。

第五章要讨论的是教师的权威和责任。当我们用神圣的语言和学生交流的时候，师生关系可能显得和谐轻松，但不要忘记我们的责任，我们是掌控这种关系的人。当我问五年级的学生，谁该对他们的学习负责时，有一个学生立即回答说："当然是你，因为你是拿了报酬的。"尽管当时我本意是想让他们明白，师生双方都应该对学习负一定的责任，不过这孩子说的还是有一定道理。我可能不负百分之百的责任，但我肯定是掌控者，我为教室的气氛定基调，我选择对学生最好的教学方法，我还得为他们的进步做出评估。 在不论是幼儿、青少年或成人的教室里宣示我们的权威，这也是神圣的教学艺术不可分割的一部分。

第六章要探讨的是如何面对我们的内心世界。 探索我们的心灵可以帮助我们认识失望、不现实的期望、隐藏的偏见和不安全感，进而教会我们行使权威，善待他人，最终走向成功。 在我研究生毕业的第一个教学工作中，我发现自己对意外事故的反应有些过激。 通过审视自己的内心，我发现我是害怕失去对课堂的掌控，这和我在台湾教书时的经历有一定联系。 承认和接受那段痛苦的经历，使我抛开恐惧，提醒自己那已是很久以前的事情了，没有必要让它来扰乱现在的教学。 这种自觉可以使我放松下来面对当前的局面，专心对待目前的学生，等待即将出现的各种意外和惊喜。 当你探索这些曾经的困惑和走过的弯路时，一定要记住，这是你发现自我的必由之路。 发现并承认它们，你会更好地了解自己的强项和弱点。 每一次探索都可以帮助你进一步发掘自己，使你的教学成为一门神圣的艺术。

最后一章会全面探讨"我在故我教"的理念。 我在故我教，我们必须首先明白我们从哪里来，我们是谁，我们要成为怎样的人。美国神话学者约瑟夫·肯贝尔（Joseph Campbell）曾经写道："人生的一大好处就是能做你自己。"[2] 本书的前面几章是想让读者先关注自己的身份问题，在最后这章里，我想引导读者反思一些问题，有意识地认真探索自己的灵魂世界，由此来帮助读者在教学和生活上获得更多自由。

　　本书里的故事经历都来自正式的访谈、当事人的回忆和我自己在教学上的亲身经历。 这些故事充满了我们对教学的热爱，这里引用诗人加勒特·凯泽尔（Garret Keizer）的诗句："教学不是万能的，日常生活也并非都是公平的。"[3]

　　书中名字的使用有些已经获得当事人的同意，有些使用了假名，有些没有冠名。 故事中有些细节经过一些改动，以保护当事人的隐私。 我尽量保证我的回忆准确。 衷心希望这些故事和回忆能唤醒你的个人经验，使你对自己的教学生涯有一个更深刻的理解。

第一章　命里注定为师：
发现我们的职业召唤

我就知道我会成为老师。

——艾丽卡·沃克(Erika Walker)

艾丽卡·沃克成长于东部科罗拉多大平原上一个拓荒者家庭。她的大部分童年时光都是一个人过来的，她不停地独自探索身边的自然界，对身边的一切非常着迷，盼望与他人分享自己对大自然的热爱。 她的梦想是成为一个乡村教师，引导学生去探索身边的大自然，以此打开他们的心灵。

高中毕业后，艾丽卡决定发扬家传的开拓精神，离开家乡，到佛罗里达上大学。 她学习的专业是儿童心理学和教育学。 由于选课的原因，虽然她拿到了大学毕业证，但没有教师资格证。 回到科罗拉多后，她仍然想成为一个具有创造力和激情的老师，所以她又申请了教育学的硕士学位。

一学期过后，艾丽卡有些泄气了。 她意识到，完成硕士学位所需要学习的课程对自己毫无吸引力，对自己所梦想要成为的老师也毫无帮助。 她对朋友坦白过自己的梦想，她想成为一个能满足学生兴趣，能与学生一起认识整个世界，帮助他们掌握一定技能的老师。但朋友却为她描绘了一幅所谓正规教育的图画：学生们整齐地坐成一排排，固定的课程模式，对所有学生一样的要求，教学进度高度统一。 她被这幅图画吓到了。 尽管她从第一学期的课程里已经有所感觉，但这被朋友清晰明了地描绘出来的教育现实，还是让她接受不了。 梦想中的学校教育变成了工厂车间，于是她放弃了对硕士学位的追求。 难道她也要放弃自己的职业召唤吗？

荣格心理分析学家詹姆斯·霍勒斯（James Hollis）分析，职业 vocation 这个单词来自拉丁语的 vocatus，即召唤心灵的东西。"我们可以选择自己的事业，"他写道，"但不能选择自己的职业，是职业选择了我们。"[1] 真正的职业愿望可能因为失望、困难或生活的干扰一时沉寂下来，但它绝不会消亡。这正是艾丽卡的经历。

她对我说："我的梦想一时破灭了。我变得非常现实，决定去拿一个 MBA。"完成 MBA 学业后，她做过多种工作，拿着工资，可她心里明白，这些工作都是昧着自己心愿的。

她的最后一份工作是给有意创业的女性做咨询。她很享受给客户做各种咨询指导，然而她又觉得自己给客户的各种信息太乏味枯燥。当她试图把这些乏味枯燥的信息变得生动有趣，以便客户能更好掌握的时候，当老师的愿望又回来了。在一段咨询过程中，她的年轻客户兴奋地喊道："我就知道我天生是个做生意的料！"艾丽卡马上回应说："我也知道我天生是个当老师的料！"就这样，她发现了自己的职业召唤，尽管现在已经跟儿时的梦想有些不同了。她的职业召唤体现在各种教学的机会里，有大学的、教会的、非营利机构的等等。在担任一个环境保护组织机构的主席时，她发现了很多的教学机会。

艾丽卡乐意倾听自己的心声，她不怕摆脱现成的一切，乐于冒险。当自己的才能得不到发挥的时候，她能看到隐藏在角落里的各种可能性。艾丽卡的生活非常有创造性。这些秉性使她能一直不

忘自己的初心。 通过艾丽卡的故事我们可以看出把教书作为自己天
职的那些人的共同特征。

倾听我们的职业召唤

　　——当你的灵魂被禁锢而不开心的时候,正是你开
始去过一种更加真实的生活的时候。

　　艾丽卡是一个很早就知道自己职业召唤的人。 许多人却是很晚
才明白自己的职业召唤,而且明白的过程还都各自不同。 斯蒂夫·
利普罗格尔（Steve Replogle）从未想过要成为教师。 他母亲是教
师,但他与母亲的关系非常不好,他最不想做的事就是继承她的衣
钵,成为老师。

　　大学毕业后,他做过许多工作。 有些工作很好,能让他既赚钱
又能享受生活的乐趣。 结婚后,有了一个孩子,斯蒂夫找了一些更
稳定的工作,这些工作有的让他很有成就感,有的让他的家庭在经
济上更安稳。 可是没有一个工作让他发挥自己的本性,也不能帮助
他发展自己。

　　当他的女儿上幼儿园时,他开始在孩子的班上做义工,刚开始
的时候,每周一两天。 不久他发现自己恨不得每天都去孩子的学校
做义工。 他觉得自己有好多东西可以教给孩子们,跟孩子们在一起
是那么自然,那么快乐。"我还不那么肯定自己是否天生就该教

书，"他对我说，"但我被吸引着，我不能抵抗这种吸引力。 我甚至感觉这就是命运的安排。"

斯蒂夫重新回到学校攻读了教育学硕士，拿到了教师资格证，在 38 岁的时候成了一名公立小学的老师。 到现在，他在公立小学教了将近 20 年的四年级课程。 他发现最近公立学校的形势越来越不令人乐观，也曾想过离开，可最后还是留了下来。 他说："我想和孩子们在一起。"

艾丽卡和斯蒂夫的职业召唤故事非常不同，他们的职业生涯也非常不同，但他们都有一个共同点：他们都能意识到自己对现有工作的不满，都明白自己不适合做目前的工作，虽然他们的工作都做得很好，但他们的灵魂都没在工作上。 他们都希望自己能干点别的什么，但又不确信那是什么。 但他们天生具有冒险精神，愿意走向不确定的方向。 正如精神导师亚迪亚香提（Adyashanti）说的："当你的灵魂被禁锢而不开心的时候，正是你开始去过一种更加真实的生活的时候。"[2] 那个真实有活力的生活对艾丽卡和斯蒂夫来说就是教书生活。

顺应我们的职业召唤

——做一名高中老师的想法已在我心里根深蒂固。

彼得·贝尔（Peter Baer）是个高中语文老师，他认识到自己的职业召唤也是通过意识到自己不喜欢手头的工作开始的。 彼得在加州伯克利大学主修哲学，他热衷于各种思想观念，对追求社会公正充满激情。 他曾经想先拿一个哲学博士学位，通过自己的学术研究来改变目前的公共教育体系结构，使它更好地帮助弱势学生。

不过彼得后来感受到了大学校园里的"象牙塔综合征"，教授学者们对教育的研究完全与现实的学校教育脱节，他们的授课内容对现实里的教师毫无帮助。 因此，他在斯坦福大学申请了一个硕士项目，这是由加州政府资助的一个项目，条件是毕业之后到加州境内收入低、教育质量差的学区任教四年。 尽管当时认定自己最终要走学术道路，但他还是决定先签下合同，看看以后怎么发展。

硕士毕业之后，他到了加州的阿拉梅达执教，那是一个学生经济背景十分多样的学校。 五年后，他转到加州的里士满，这里98%的学生来自贫困的家庭。 这时彼得已经觉得自己和教育密不可分了。"我意识到教书是我的天职，并非我听到了什么职业召唤，而是觉得自己完全适合在教室里跟学生在一起，这对我十分自然，它完全适合我。"执教十二年，彼得换过许多地方，但他最喜欢里士满，在这里他可以跟来自弱势家庭的孩子相处，用自己的智慧和能力帮助他们。 我问他有没有想过重新回到象牙塔内，他说："在遇到困难的时候这个想法确实很强烈。 不过，一想到再也见不到这些热情、给我带来无穷快乐的孩子们，我的心里就会很难过。"

尽管他们的从教经历、在学校扮演的角色各有不同,但艾丽卡、斯蒂夫和彼得都发现了自己教书的激情。 畅销书作家、国际演讲家琼·奇提斯特(Joan Chittister)曾把激情放在职业认定的首位。 她写道:"激情能使人超越和深化自我。"[3]这种深化和超越在我们故事的三个主人翁身上都能看到。

彼得原本想走学术之路,想通过自己对教育系统的学术研究来改变世界,当他放弃这个打算的时候,他就是在超越自己。 现在,他在嘈杂的高中教室里,用自己的行为影响着学生。 他说:"教室里的每一天都在使我成长,做一名高中老师的想法已经在我心里根深蒂固。"

当艾丽卡面对现实,觉得自己梦想的教书生活不可能实现的时候,她也在超越自己。 在失望之中,她选择了更实惠的商业领域。 尽管深知从商绝不是自己的天职,她还是在自己现有的位置上,极富创意地想方设法和教书沾上边。

斯蒂夫早年抗拒自己的家庭背景,在女儿学校里的义工经历使他摆脱了对教书的成见,超越了他对自己的职业认定。 多年的教书经历,使他获得了许多回报和奖赏,但这些都不算什么。 最主要的是,他发现自己的职业只是一个更加宏大过程的一部分而已。 他告诉我说:"教书其实有宗教的含义。 我们不只是教书先生,我们不孤单,我们都是相互联系的,我们也和上帝联系着,我们在一起进行一个更大的创造,这是任何一个人都不能单独完成的事情。"

艾丽卡、斯蒂夫和彼得都觉得自己天生应该教书，他们在教学的过程中发现了自己的激情，但这并不表明他们对自己的职业认定就从来没有犹豫过。 教书是一个艰巨的工作。 我们身处的教育系统有时非常令人压抑，更别说对教师进行鼓励和支持了。 不同的价值观和人格有时会产生矛盾、导致冲突，教师们有时觉得承受不住来自各方的要求和期望。 斯蒂夫和彼得都承认有过离开的念头。乔伊是一个蒙台梭利老师（各位读者会在第三章跟他见面），当我问他是否想过改行，他回答我说："每天都在想。"

高中语文老师及诗人加勒特·凯泽尔写道："在我十六年教书生涯中的日日夜夜，没有一天没想过我宁愿做点别的什么事情，也不再教书了。 每个学年一开始，我都满怀希望憧憬着，安慰自己说到了六月，我就要跟教育说再见了。"[4] 确实，他最终顺应了自己写作的召唤，离开了教室。 但十四年后，他又回到课堂教了一年。 这样，他可以非常现实地掂量自己的两个职业召唤，缓解一下两者之间的矛盾。 我想我们之中的很多人一定也有这种矛盾的职业心理。

宗教背景里的职业召唤

在罗马天主教里，vocation，即职业，有着非常明确的含义，它被称作圣召，意思是你被天主召唤，要你成为一个神父或修女。 你被召唤为天主和教会献出你的生命。 天主教家庭里如果有一两个孩子有这种圣召，这被认为是一种荣耀。 目前，愿意当神父、修女的人越来越少，虔诚的天主教徒被要求多多祈祷，出现更多的圣召。

清教的传统是用 call，意思和 vocation 差不多，也是受召唤成为神职人员的意思。 我所在的"联合基督教会"认为，受召成为神职人员，不仅仅是来自上帝的召唤，也是来自你所在的教会的召唤。我们认为，教会存在的目的就是让个人的圣召得以实现。 Call 这个词也可用于问句。"What is your call？"（"你想做什么？"）或是陈述句 "I have received a call."（"我听到了一个召唤。"）

当初我到一个神学院去进修，发掘我的基督教传统时，所有以上的术语对我来说都是新的。 当一个同学问我的圣召时，我是云里雾里，根本不知他在说什么。 后来我才明白，他想问的是我打算如何为教会服务——是通过教区传教、青年传教、音乐传教或是住院传教。 老实说我一点概念都没有。 我只能老老实实地回答说："我的圣召就是来神学院。"

当时有一个主题为"发现你的圣召"的周末避静会，我立马就报名参加了。 我想弄明白，到底是谁、是什么在召唤我，被召唤的意义是什么？ 这次来神学院进修能给我带来什么？ 我喜欢在一个团体里思考这些让人迷惑的问题。 令我吃惊也让我失望的是，这次避静会成了一个教导大家如何在神学院毕业后找工作的指导会。 我们被指导如何填写招聘材料、如何从各种渠道得到信息、如何接受得到的职位。我当时对自己的召唤还不清楚，对这场沦为招聘会的避静会非常失望，这一点儿也不是我所期待的心灵旅程。

职业召唤就是一段心灵旅程

——成为教师的职业召唤并非出自某个权威人士手中挥舞的魔棒，和其他职业召唤一样，它也是一段心灵的旅程。

从我本人的经历以及其他人的故事里，读者们可能已经看出，当我用职业召唤这个词语的时候，已经跳出了这个词语的宗教范畴，但是并没有排除它的精神含义。这里引用传记作家雪莉·郝尔歇·肖沃尔特（Shirley Hershey Showalter）《惭愧》里的一句话："成为教师的职业召唤并非出自某个权威人士手中挥舞的魔棒，和其他职业召唤一样，它也是一段心灵的旅程。"[5] 这也就是说，职业召唤其实就是要我们发现自己天生应该从事什么职业，并努力成为我们命里注定要成为的人。

在宗教背景下，响应圣召涉及上帝，但对许多没有宗教信仰的人来讲，也可以用这个词。他们可能认为这种召唤来自心灵深处，来自内心的智慧，也有可能来自一个更高或是一个更真实的自我。有时它是一种发自心底深处的渴望、一种冲动。无论出自何处，人们以各种方式和语言描述自己听到的这个召唤。

艾丽卡通过看到自己当老师的样子听到这个召唤。斯蒂夫感觉自己被教育深深吸引而听到这个召唤。彼得走进高中课堂时，听到了这个召唤，他用四年的时间才明白他的人生位置就在这里。

有些人听到的召唤清晰明了，因此他们可能很快就找到了自己天生应该从事的职业。而有些人感受到的却是一种悄无声息的召唤，默默地指引着他们。有的时候这个召唤很执着，而有的时候却飘忽不定。很多时候这个召唤使人费解，让听到的人迷惑，不知所措。十二世纪，亚西西的圣人方济各听到天主让他修补教堂的召唤，他以为要修补的是小城亚西西的教堂。直到后来他才明白，自己的使命是要修补那个时代的天主教会，拯救它于贪婪腐败之中。

不论何时，无论何地，如果我们听到某个召唤，最好是加以注意。稍加反思，我们会发现，这些召唤并非来自我们的心灵，而是来自内在自我的某个地方。可能我们对自己的生活感到厌倦，想找些不一样的东西试试。可能是我们对来自家庭长辈的信息反馈，告诉自己应该做什么。辨别这些来自各方的声音，发现那个真实的召唤，我们需要一个甚至一群值得信赖的朋友，帮助我们分析动机、辨别情感。这是美国新教圣公会的年轻人有了圣召后要经历的过程。传统上，当有人听到自己的圣召后，都会有一个委员会来帮助他审视自己，是否真想从事神职工作，做一名教士。

在未来八个月的时间里，委员会的人要跟这个自以为有了圣召的人一起反思、祈祷、对话，甚至质疑他。也许冷静一段时间后，他会意识到，自己所谓的圣召只是对公司生活不满造成的，在挫折和痛苦中，他只是想看看是否还有别的选择；在教会里，也许他是个积极分子，一直羡慕教区的那些神职人员。也许因为这些，他以为自己听到了圣召。在辨明圣召的过程里，他明白过来，自己还是留着当下的工作为好，自己需要的只是改变一下角色，更主动积极一些，要知足常乐，要试着去改变自己身边的环境。"我的召唤是要留在当下，过一种更真实更有目标的生活。"在最后一次辨明会上，他不无感激地对大伙儿说，"而不是从事神职工作。"

真诚的召唤

——是职业选择了我们，职业选择了我们，选择了我们。

琼·奇提斯特把职业召唤理解为：适合我们的专长，超出我们的兴趣或能力，一种可以使我们把才能和激情变为某种目的的东西。[6]尽管并非每个人的召唤都适合以上的描述，但至少在艾丽卡、斯蒂夫和彼得身上我们看到了一些影子。从那个自以为得到圣召而要从事神职工作，从而进入圣召甄选辨别阶段的人身上也有一些奇提斯特所描述的影子。他后来意识到，自己的召唤是留在目前的位置上，继续发挥自己的专长。明白这个道理后，他抛开了想要逃离目前生活的欲望，使自己的生活最终变得有意义。

相信我们一生不会只有一个职业召唤,一定会遇到不少真诚的召唤。 回首过去,基本可以看出,不同的召唤引领我们朝不同方向发展,这个模式基本是循环曲折的。 从长远来看,我们会以不同的形式从事我们的职业。 就我自己的经历来说,我喜欢旅行,但最后证明这并不是我的职业召唤,它只是我想冒险的愿望而已,但这个愿望在我人生的那个阶段是非常合情合理的。 在台湾的教学经历让我明白了自己真正的职业召唤。 这个召唤来源于台湾的教书经历,又在我读硕士期间以及后来的教学过程中得到强化。 我离开小学从事成人教育,并不是响应另一个召唤,而是我教师职业召唤的一个延展,它使我更坚定了做一个教师的决心。

当我响应另一个召唤,即上神学院时,可以想象我当时有多么吃惊。 那时我对禅宗发生了兴趣,正在练习冥想,觉得自己跟禅宗很有缘。 我在和一些禅宗迷进行冥想时,听到了一个召唤。 一个声音轻轻从心底传来,告诉我禅宗固然是一个美好的传统,却不是我们的传统。 我把这个理解为要我去研究基督教传统的召唤。 刚开始,我并不知道如何下手,觉得先进了神学院再说。 这在以前,是我想都不会想的事情。 但这个召唤从好几方面来看都属于一个真诚的召唤。 从学术上对基督教传统加以研究,这适合我的学习研究能力,也符合我对自己执教道路的设计。 我惊喜地发现,它还带着非常明确的目的性。 我被召唤着走出自己现已取得的一切成就,进入一个未知领域。

上神学院并没有使我脱离教育事业，而是把我的教书范围拓展至教会、避静中心和神学院。 后来导致我从事写作的召唤来自一个编辑，她听我说起为他人代祷，便邀请我加入她的一个项目，要求我写一本如何为他人代祷的书。 我写的东西其实就是我在课堂上教的内容，所以我认为，写作应该算是我原来职业召唤的一部分。

尽管我们走过的道路不一样，但回头看看，都会发现，我们走过的道路无论多么迂回曲折，都印证了同一真理，即，不是我们选择了自己的职业，而是职业选择了我们。 我们只是倾听我们的职业召唤，辨明它的真假，最后做出应有的回应。 这样做也许要我们放弃按部就班的生活，去拥抱在前方等待着我们的全新生活。

敢于冒险

——当机会来临时，我们该做的是保持警醒，然后勇敢地把自己投向未知。

海迪·鲍尔斯勒（Heidi Boerstler）说，找到自己命中注定的职业，最重要的是甘愿冒险，愿意听取自己的内心呼唤，相信它一定会把自己带到该去的地方。 20岁时，海迪生下了自己严重残疾的女儿。 她没把这看成职业召唤，而是促使自己学习的动力，她要努力使这个世界变得更加美好。 她获得了公共卫生学博士学位，还拿了一个法律文凭。 刚开始她在一个健康机构任会计，却发现这工作非常枯燥乏味，不过后来，她有机会教机构的客户如何管理自己的资金账户。 这让她在教学上初试身手，她发觉一切都来得那么自然。

有了这些经验，她开始从事高等教育，在科罗拉多大学商学院当研究生导师。 她冒险接受了自己都没有把握的任务，不过她的教学经验被不断拓展。 在此过程中，她越来越明白自己要做一个教师。 目前她是商学院的全职教授，开设了一门她自己设计的课程"健康法律、伦理和转型期领导"。

虽然没有宗教信仰，但海迪是个非常注重灵性生活的人。 她的心灵历练正是她开始这门课程的基础。 她编写了自己的教科书和练习册，要求研究生们审视自己的内心、交流思想感情，她要学生们问问自己的人生意义、目标以及如何更好地服务大众等一些重要问题。 她坦诚地说："我从不在教学或写作上使用那些让人看不懂的所谓形而上的语言。 我把那些抽象的思想用学生、同事和领导熟悉的语言写出来。 相信那些有所准备的人一定能看出它背后的意义。"

海迪的课程得到学生的一致好评。 最近她受邀拍摄他们商学院的招生广告片。 我看了这个短片，被她的能力所折服。 她能在提供相关信息的同时，对未来的学生有一种更深层次的吸引。 她觉得自己是在正确的时间到了一个正确的地方，做着自己喜欢的事情。 对此充满感激之情，她这样总结自己的职业和职业召唤："当机会来临时，要做到警醒，要学会倾听。 要敢于冒险，投身未知，相信自己会有一个好的归宿，相信自己能让世界更加美好。"

顺应职业召唤，过有目标的生活

不要老想着自己的生活可能怎样，要有勇气冒险，对自己正在从事的职业有热情，这些并不是职业召唤和选择职业的全部。琼·奇提斯特提醒我们，真正的职业召唤应该是有所超越，使我们怀着一种生活目标。响应职业召唤并不只是过一个充实又有活力的生活。发现自己的天职，是要我们充分利用自己的才干，服务这个世界。

艾丽卡用自己的创造和热情服务于各种机构，她是这样来服务世界的。彼得坚持社会公正的信念，用各种思想影响自己的高中学生，用自己的言行来帮助学生，使他们学会相信自己，他是这样来服务世界的。斯蒂夫说他乐于跟四年级的学生分享读书的乐趣，帮助他们欣赏艺术、诗歌。海迪让自己将来从事商业的研究生明白，注重灵魂并不和他们的职业选择相矛盾。她说："我觉得他们很多人以前可能从来没想过，这两者是可以互相结合并行不悖的。"

马克·斯苏（Mark Sisum）认为自己原来该做服务而不是教书。多年以来，他从事律师工作，通过法律寻求公平和正义。因为工作压力太大，他开始练习冥想和瑜伽。在练习过程中，他找到一种新的生活方式，想要进一步深入学习。最后他关闭了自己的大型律师事务所，搬到一个小型的办公场所。他不再接案子帮人打官司，而是开展咨询业务,指导别的律师,这样他就有更多时间来做自己喜欢的事情。

跟从几个瑜伽大师深入系统地学了几年后,他想把自己学习瑜伽的心得体会与人分享,让他人也从中获益。"我觉得有必要传播我在瑜伽上学到的东西。"他解释说,不久他开始在当地一个健身会所教授瑜伽课。 瑜伽课上的学生水平参差不齐,他教导他们,当身体打开(实际意义和比喻意义)时,主要应该关注倾听自己的身体而不是去做到所谓的动作完美。"看到这些人的身体几个月下来的变化,看着他们的身心像花儿一样开放,我心里感觉非常温暖。"他说。

他的学生告诉我,马克是天生的老师,他既能挑战学生的能力,同时又能鼓励他们。 他的教学用语清楚明了,绝不拖泥带水。 他在教瑜伽体式的同时还教学生如何关注自己,他可以把这两个任务很好地结合起来,他要学生倾听自己身体,做体式时控制好呼吸,最后把思想放在以此带来的结果上。

我丈夫吉姆开始不敢肯定自己的瑜伽水平是否适合在马克的班上,现在他可是每周去两次。 他说:"我觉得自己是班上最老的,身体也是最僵硬的,不过这些都不重要了。 马克可以用他轻声的导语让我们每个学员都感到自在舒服,同时又鼓励我们做得更好。"吉姆发现自己身体的微妙变化,也觉得自己越来越关注身边的世界。 通过与他人分享自己的所知、所爱，分享自己的生活方式，马克这是在响应自己服务他人的召唤。

马克以及本章提及的其他几位老师，不是靠所谓的努力奋斗取得了目前的成就，而是聆听响应了自己的职业召唤，找到了适合自己的职业，这并不是要否定勤奋在他们成就里的作用，或者不如这样理解，与其说他们是在奋勇向前，还不如说他们顺应了命运的安排，敢于冒险走出已有的舒适生活。佛教里有所谓"随缘"一说，我的理解就是聆听并响应命运的召唤。我们能找到自己的天职，不是出于我们的心愿，而是带着感恩的心情接受的一份上天给我们的礼物。

审视内心，发掘潜能

1.你有被"职业召唤"的故事吗？请写下你的故事。想象一下，这就如一根线条，请注意什么地方是直的，什么地方突然开始转弯。你可以记下是什么时候失去了方向，什么时候要你做出选择，你做了什么样的选择。先不要急着做出评论，只简单地画出你的旅程图，让它告诉你一切。它揭示了什么？

2.你的职业召唤和你的职业如何让你超越了自己,把你带到一个全新的生活、全新的世界,让你的生活有了真正的目的?

3.响应职业召唤的时候你有没有冒一定的风险?海迪说的把自己投入一个全新的未知世界的那种体会你也有过吗?你如何用自己的话来描述对职业召唤和职业的理解?

4.本章里的那些故事的主人公都充满激情,目标明确,读了以后你有没有对自己感到沮丧?你希望也有他们那种澎湃的激情呢,还是只想把教书当作一项工作而已?他人的生活经验可否帮你重新找到你的原动力,从而继续当一名教师?

第二章　与学生和同行相处：
尊重、挑战与仁慈

我故意提高要求，期待学生和老师的最佳表现。

——克里斯汀·沃尔特斯(Kristin Walters)

　　我去科罗拉多丹佛南方高中见校长克里斯汀·沃尔特斯，她正在教室里听一堂高级物理课。 克里斯汀把大量时间花在学校大厅和教室里，她尽量和四百多学生以及他们的老师多接触，她搞管理喜欢亲力亲为。 我问在这样的环境里，是什么东西给了她动力，她回答说："我对工作和师生的激情，对我们这个事业的信心。"

　　十几岁的时候，克里斯汀就在给人上游泳课，还当过一个日间夏令营的辅导老师，但她从没想过要教书。 大学毕业后，她作为交换生在欧洲待了一年。 回来后，她觉得自己应该从教，从此再没回头。"你可能觉得我的这种紧迫感就是我的职业召唤。"她说。 克里斯汀为了尽快能到南洛杉矶的一所初中执教，特别申请了英语和法语教师的临时资格证，同时为拿到正式资格证加紧学习。

　　后来，克里斯汀到了另一个区的一所中学，这时，随着教学经验的增长，她开始意识到，如果能从事教育管理，就能对教育系统有更大的影响力，于是，她又开始学习教育管理的硕士课程。 搬到丹佛后，她成了一所学校的校长助理，这使她得以锻炼自己的管理能力。不久，她成了一所中学的校长，当时这所中学的入学人数正在下滑，是她扭转了乾坤，后来她又被任命为科罗拉多另外一所三流学校的校长。

　　在那儿，她努力提高了那所学校学生的整体成绩和各方面表现，改善了学校的名声，因此被任命为州教育官员，先是负责管理特许学校和实验学校，然后是负责所有高中的管理。 在那个位置上干了两年，因为不愿意脱离教学，她又回到学校，回到了师生中间。

她目前任职的高中非常好，但并非没有挑战。 这里的学生来自七十多个国家，英语只是许多人的第二语言。 学校必须给学生提供各种特殊服务——认知方面的、身体方面的、情感方面的等等，还要为有特殊才能的学生提供各种项目。"教书真的很累，"她说，"这个秋季已有两个老师请假，一个刚入职不久的老师辞职。"

克里斯汀非常关心老师们，希望他们都能坚守自己的职业召唤。 她时常把教师们组织起来，给他们提供机会，让他们暂时摆脱日常教学，分享一下各自的成功经验，相互鼓励，甚至发泄一下失望情绪，一起吐槽在学生和家长那儿的遭遇。"我们应该体会谅解老师们所经历的酸甜苦辣，"她说，"否则我们就不能向前。"

克里斯汀相信来自师生内心的力量，相信他们的善良和学识。她坚信他们都想做到自己的最好，坚信他们会逐渐进步，在教与学中找到各自的乐趣。 通过营造一个安全、令人信任的环境，她把教学双方的智慧都充分发挥出来了。

尊重学生的先天智慧

——老师只是点灯人，灯里本来就有油。

我们在探讨教学是神圣的艺术的时候，不要忘了，"教育"的本来含义就是"发掘、发挥出来"的意思。我们面前的学生并非白纸一张，等着我们在上面画我们想画的东西；也不是空船一艘，等着我们往里装知识。他们都有自己的生活经历、各自独特的认知、直觉；都有非凡的认识事物的能力。套用苏菲派的传统说法："老师只是点灯人，灯里本来就有油。"[1]

我朋友莲恩（Lynne）记得上六年级的时候，有一次老师问全班："1除以0等于多少？"全班很快回答："0。""大家都同意吗？"老师问。"同意。"又是整齐的回答。"好，再来看看这道题。1被0除等于多少？"全班想都没想就又齐声回答："0。""都同意这个答案吗？"老师又问。"我不同意。"莲恩小声地说道。

莲恩坐在课桌前，认真思考着。她知道不可能还是0，但她不知道如何表达自己的思想。老师轻声地问她："莲恩，你有别的答案吗？"虽然反对全班的答案有些使她不安，可她还是鼓起勇气说了声"有。"她接着说："不可能还是0，但我不知道正确答案是什么。我只知道这个数字很大，像这么大。"说着，她张开自己的双臂比画了一下。 全班都被怔住了。 老师高兴地笑了笑，说："莲恩是对的。 她说的很大的数字就是无穷大。"

就这么简单的一个经历，使莲恩听到了自己的职业召唤，知道了自己人生的智慧。 多年以后，她回去找到当年的老师，告诉他那天的经历对自己来说是多么重要。 因为就在那一刻，她明白自己可以信赖心里的直觉，敢于反对大多数，坚信自己的见识和勇气。 长大以后，每当有什么重要发现，需要勇气站出来说话时，她都会想起小时候经历的那一刻。 她老师当年给全班同学提问的方式非常令人敬佩，这种方式让莲恩的内在智慧得以充分发挥。[2]

《从教的勇气》一书的作者，既是老师又是作家的帕克·J. 帕尔默（Parker J. Palmer）称这种内在的智慧为"内心的老师"，这个称呼对老师和学生都适合。 他写道："我们只有能跟自己内心的老师平等对话时才能开始跟学生的内心老师对话。"[3] 他把我们内心的老师理解为可信的声音，它可以引导我们找到真实的自我。

保罗·贝克（Paul Baker）是一位戏剧艺术教授，他把这内在的智慧称为"每个人内在的创造之神"。 他还说，每个人都有创造的精神，老师的任务就是要帮助学生认识他们这个内在的智慧，并将它发挥出来。[4] 如果我们承认所有的学生都具备这种内在的智慧，即使暂时看不见，我们也能想方设法让它显露出来。

对于老师来说，认识并尊重我们自己的内在智慧也同样重要。当我们在计划课程或在课堂上展示自己的时候，其实是在为学生做一个榜样。 我们也需要寻找并发现我们自己的创造才能，在我们的教学和生活中发挥出来。

记得我上高中时候，有一件事充分展示了学生和老师的智慧与创造才能。 当时我们正在学习诗歌艺术，老师正逐字逐句地教我们一首诗。 他非常权威地为我们讲解这首诗的结构、意象、比喻，给我们解释诗人想通过这些给我们传达的感情和思想。 最后的时候，有个女生举手发言。 她问老师："你怎么知道这就是诗人的思想？"她直截了当地说："你又没写这首诗。 我认为我们每个人都可以对这首诗有自己的理解。"

先是震惊，后是沉默，然后，老师维特托把讲义放到一边说："好吧，那我们就来聊聊各自的理解。"接下来，就是一场热烈的讨论，每个同学都谈了自己对那些意象的理解，也谈了自己对这首诗歌的理解。 我们发现，对这首诗的理解，谈不上什么对与错，我们要做的就是去体会它是如何触及我们心灵，打动我们感情的。 我记不得那是首什么样的诗了，但我却记得维特托老师是如何帮我们去理解这首诗的，也记得他是如何发掘我们各自的内在智慧，引导我们不仅欣赏了这首诗，也发现了一种新的学习方法。

在学习能力上，每个人都有自己的长处和缺点。 我们在自己擅长的领域往往超常发挥，但又很自然地去规避自己薄弱的领域。 无论老师还是学生，当他们了解自己的内在智慧，他们就更能敞开自己，接受新的信息、面对难以理解的概念、尝试不同的学习领域。

这样他们会更愿意去探索一些他们并不觉得十分有趣的东西。

在我们尊重学生的内在智慧和创造能力的时候，我们必须清楚，他们的内在智慧往往会以不同的形式在不同领域体现出来。 莲恩是在数学课上发现自己的内在智慧的；在维特托老师的诗歌课上，诗歌成了那个提问学生内在智慧的表达方式；其他学生有可能在音乐、美术或是舞蹈方面发现自己的内在智慧。 这些不同恰恰说明智慧是以不同形式表现出来的。 当我们明白这点，就能更好地尊重每个学生的智慧和他们各自的个人特色了。

发现学生的多元智慧

——呀！ 原来我教室里的孩子们是这样的啊！

我第一次接触霍华德·加德纳（Howard Gardner）的多元智力理论是通过他 1983 年出版的《智力的结构》[5] 一书。 我当时读了这本书就想：" 呀！ 原来我教室里的孩子们是这样的啊！"加德纳认为，智力不是靠智商测验表就能测定的单纯的一种能力，智力可以有多种表现形式，能使人在不同的文化背景或环境下解决一定的问题、克服一些问题。 通过研究，他按照一定标准，把智力归为七种特定的能力。 这七种能力分别是：语言能力、数学能力、音乐能力、空间能力、身体协调能力、与人相处的能力和自我认知的能力。

以上各种能力可以归纳为行为、技巧和特定的认知能力几大类。 语言能力强的人善于处理和应用文字，他们喜欢阅读、写作、玩文字游戏。 当我听说有一个语言能力强的人喜欢读字典时，我简直惊呆了。 其实我自己就是这种人，我也经常干这种读字典的事。只是我一直不敢告诉别人，因为我觉得这太奇葩了。 数学能力强的人往往善于与数字打交道，善于抽象思维。 我记得我的大养子就是这么个人。 有一次我问他是怎么解开一道复杂的数学题的时候，他回答说："我就是知道。"

有音乐能力的孩子往往表现出对乐器的兴趣，他们喜欢自己编曲子，对节奏的反应也很快。 如果你的方向感特别强，说明你有空间能力。 你能轻而易举看懂地图，当你在别人家里或办公室看到墙上的照片或其他什么东西没挂正的时候，喜欢帮别人调整好。 你更善于用绘画艺术的形式表达自己的思想，你也会发现，通过形象的图画，你才能更好地理解某些概念。 我还记得，直到我那经验丰富的历史老师把时间线教给我，历史的大门才为我打开。

身体协调能力好的人总是想动，他们喜欢舞蹈，喜欢触摸身边的世界。 他们动作无论大小，都是很优美的。 人际关系能力强的人善于看到事物的内在本质，他们善于和人打交道，知道如何化解人际矛盾，把人团结起来，善于倾听别人。 他们往往能知晓别人的感受，所以他们能同情别人。 自我认知能力强的人有着丰富的内心世界，他们喜欢钻研自己的梦境，找到能帮助他们认识自我的东西。

多年来，我在不同年龄的学生身上看到了以上各种能力的表现，可就是不知如何解释概括它们。如果你是家长，难道你没在你孩子身上见到这些智力的表现吗？也许，你的小儿子在班上天生就是个和事佬（人际能力）；也许你那处于青春期的女儿天生就善于对各种东西修修补补（空间能力、身体协调能力），从客厅的闹钟到水池的下水道；还有些各种年龄的孩子，他们对自己的内心感受、个人动机和持有的偏见惊人地敏感（自我认知能力）。

加德纳以后，又有些人建议在原来的七种智慧能力基础上再加上一些其他智慧。加德纳起初不愿意改变自己的理论，不过后来他承认，按原来的标准，可以再加上两种智慧：一种是自然观察能力，这是观察丰富多样自然的一种基本能力，自然观察力强的人能轻易分辨许多相似的植物、观察云的变化、预感天气的变化等。[6]另一种达到加德纳标准的智慧即存在智慧。这是一种对生命存在进行思考的智慧：我们为什么活着？生命的意义是什么？为什么会有战争？爱是什么？

任何年龄的人都会有这些问题。有一次，我开车送一个五岁的孩子回家，他刚在医院探望了他妈妈和新出生的弟弟。"为什么是他？"他没问孩子是怎么出生的这种问题，而是问了一个不可解答的问题：为什么是这个孩子在这个时候来到我的这个家庭？我发现，对多元智慧的了解和认识使我开始尊重班上每个孩子的优点和缺点。

引导学生多元发展

——教师往往倾向于教学生自己在行的东西。

保罗·贝克班上有个学生，是天生的舞者，对节奏非常敏感，可是英语课却不及格。保罗建议英语老师帮助这位学生找出英语的节奏和韵律，让他去体会。这个学生一旦体验到英语的节奏，他就能把自己的天赋用到舞蹈之外了。[7] 不管他们是否知道加德纳的理论，实际上，许多任课老师都在不同的教学环境下尝试过把学生特定的天赋发挥到别的学科上。

我们在课堂上进行因材施教的时候都明白，不同的学生需要通过不同的方法才能把他们不同的才能发挥出来。有这么一位有创意的历史老师，他的一位学生记住了所有的历史材料，弄懂了许多历史事实，对所学的历史阶段也理解得不错，可就是老过不了考试。这位老师知道该生具有运动和音乐天赋，于是把他带到篮球场上，让他一边投球一边回答问题。结果学生顺利通过了考试。

单单了解和尊重学生不同的智力特点还不够，老师也应当了解自己的智力优势，知道自己擅长什么，不会什么，因为老师也喜欢以自己擅长的智力方式来教导学生。他们忘了，或者根本就不知道，学生的学习方法并非和老师一模一样。

宗教与伦理教授德纳·维尔班克斯（Dana Wilbanks）开始在科罗拉多的丹佛市艾利夫神学院教课时，他明白了这点，这让他大为吃惊。 从高中到大学到攻读博士研究生，他都一直习惯于教师为主的满堂灌学习。 所以当他开始给别人上课时，也就自然而然地沿用从前自己老师的教法，即把自己喜欢和熟悉的资料以讲座的形式传授给学生。 他告诉我说:"没过多久，我就发现许多学生根本就没听懂，他们跟不上。 讲座的形式对他们不合适。 我需要帮助。"

德纳怎么学的就怎么教。 可是从学生的情况来看，他必须采取别的教学方式，学生也需要别的学习方法。 他得去找些新的方法来应对学生不同的智力特长。 于是他找到同事，为自己和学生找了别的许多不同的教学方法。 他开始在课前把一些热点的伦理问题发给学生，让他们先进行思考并写下自己的心得体会。 在课堂上，他把学生分成小组，让他们在小组里分享讨论，找到各自的共同点和分歧。 课前的准备使每个学生都能积极地参与讨论。

即使一个老师所教的科目是他擅长的，他也应该注意学生的智力特点。 如果你有数理智力，你可能会选择教数学，但是，除非你教的是研究生课程，你不能理所当然地认为所有的学生都具备跟你一样的数理特长。 有的学生之所以选你的数学课，只是因为这是必修课，他们有可能很难理解你所教的内容。 你需要用不同的教学方法来帮助他们掌握这些内容。

教师的任务是了解各种不同智慧的特点，帮助学生找到他们各自不同的天赋智慧。[8] 跨越各种智慧的边界，我们就会认识学生的天赋和限制。我们就能真正认识他们，接纳他们，尊重他们，而不是简单地对他们的能力进行评判。

尊重学生的坚持与努力

——我们应当注意一个学生努力时其他学生的反应。

老师喜欢教自己擅长的学科，学生也愿意学习对自己来说简单的科目。然而，如果学生不去探索一下自己不擅长的领域，他们就会把自己局限起来。小的时候，当我说想学点钢琴时，大人们却对我说，那是浪费时间和金钱，因为温纳德家的人从来没有音乐才能。直到今天，每当我被邀请进行音乐表演，都得鼓起极大的勇气，这是因为从小到大，没有人鼓励我在我薄弱的领域进行任何尝试。

如果学生只专注自己具有先天优势的科目，慢慢地他们就会以为学习是件轻而易举的事情。这样的话，一旦遇到困难的学科，他们就会逃避，因为他们没有别的学习经验。加州大学洛杉矶分校的心理学教授吉姆·施蒂格勒（Jim Stigler）认为，我们北美文化倾向于把努力和尝试等同于缺乏能力，因此，学生会逃避各种有困难的事情。此外，这种学生面临新问题或新思想时，往往比其他文化背景下成长的学生更容易放弃。 例如，在亚洲文化里，尝试和努力恰恰是力量的体现，学生一旦坚持下来，就会有一定的收获。

施蒂格勒在日本的一个四年级教室里，目睹了学生是怎样努力不懈的。 他当时坐在教室后面，看老师教学生画立方体。 有一个不擅长画画的学生被叫到黑板前，在全班同学面前画。 这个学生每画一次，老师就问全班他画得怎么样。 同学们一直摇头，那个学生就不断地重画。

施蒂格勒说，看见那孩子在前面努力，不断尝试，那个过程使他非常紧张。 最后，当孩子终于画得像样了，得到了同学们的认可，大家给了他很多掌声。 那孩子也为自己的成就感到非常自豪，他得意地回到了自己的座位上。[9]

施蒂格勒总结说，在亚洲文化里，老师喜欢给学生布置一些需要努力才能完成的作业，这样学生就能体会到努力后的成就感。 这在北美课堂上是很少见到的事情。 这种文化差异在一项比较实验中得到充分体现。 在这个实验中，给一年级的孩子布置了一道他们解决不了的数学题。 美国孩子平均花了 30 分钟，然后说："我们还没学过呢。"日本孩子整整花了一个小时，直到研究人员叫他们停下为止。[10]我们的教学方法可能没法跟日本人相比，但我们应该学会遇到困难时要进行一番努力。 如果我们自己遇到困难就退却，又如何鼓励学生遇到困难时要坚持呢？ 我们可能习惯为他们提供帮助，把功课难度降低，不愿意用各种思想和任务去挑战他们的能力极限。

有些教师愿意教自己当学生时不怎么在行的学科。我就认识一些教阅读的老师，他们自己当学生时就觉得阅读不是个轻松的学科，甚至成人后，阅读对他们来说仍然是个问题。因为他们自己在这方面有过努力，所以对此有更深刻的理解，这对学生是个极大的帮助。有一个一年级老师曾对我说："好多人已经忘记了是怎么学习阅读的，他们只记得自己的阅读过程，因为他们在阅读上没有努力过，他们不了解学生在阅读这个过程中所经历的感受。"

我们还应当注意，当一个学生正在努力的时候，其他学生的反应。想象一下，如果黑板前的那个日本孩子当时不被大家尊重，而是被嘲笑、被戏弄，那会是怎样一个后果？在课堂上，我们如果想支持学生的努力，所有学生和老师，都应该是互相尊重、互相鼓励的。

创造一个安全友好的环境

——在教室里，我要成为学生的依靠。

亨利·卢云（Henry Nouwen）神父是一个灵性方面的教师和作家，他建议我们把教学当成一个友好的待客过程。[11] 所谓好客，其核心就在于主人对客人的付出，愿意莅临现场给他们指导和帮助。如果客人和我们很熟,迎接他们不是个问题。 然而,对陌生人就是另外一回事儿了。 在一个陌生的环境里与人交往,我们往往会产生恐惧和自卫心理。 我们的学生初到我们的教室或办公室时,他们其实也是陌生人。 许多都是第一次见面,可能还会有种族、文化或民族上的差异。 把教学当成待客,就是要求我们接纳一切——不是带着害怕的心理,而是带着好奇心。

"这都是些什么人啊?"在上课前我往往这样想:"他们想要什么? 他们带来了什么东西?"当我们好奇的时候,我们就不那么有防范意识了。 我们就能敞开怀抱迎接那些陌生的学生,看看他们会带来什么惊喜。 不过,欢迎和好奇的态度只是待客之道的一部分。 另一部分是要向客人清楚地展示我们是什么样的人,我们对学生有何期待,只有界限分明,才能营造一个友好的环境。"要想体现我们的友好",卢云写道,"我们不仅要接纳陌生人,更要毫不含糊地展现我们自己,告诉他们我们的想法、观点、生活方式。"[12]用我一个同事的话来说就是:"在课堂上,我要成为学生的依靠。"

立下规矩是待客之道的有机组成部分。 一个没有边际的空间是不安全的。 在我五年级的班上,规矩就像学生在上面撞来撞去的橡胶栅栏,不会伤害他们。 我会立下各种规章制度,我知道学生会以身试法,看看这些规矩是不是真的。 这个过程让他们了解了我,也更了解他们自己,这样他们就会在言行举止上做出选择和决定。

那些年，我坚持的一条规矩就是不许说脏话、骂人。 当然，学生会试探我的。 他们故意在我听得到的距离内骂人、说脏话。 当我要惩罚他们时，他们往往说他们只是开玩笑，闹着玩儿。 这时，我不会跟他们啰唆，也不会告诉他们开玩笑也很伤人。 我就简单告诉他们，在我的班里，就是不许说脏话、骂人。

当然，总会有不听招呼的学生。 如果哪个孩子忘了这条规矩，犯了错误，我就会很严厉地对待他，当着全班同学的面提醒他："这个行为是完全不能接受的。"有一次，有个女生告诉我，这真的没什么，因为他们在操场上就是这么玩儿的。 我回答她说："操场上我是管不了，但你要知道，这世界上有一个地方你是安全的，这就是我的教室。"最后，他们终于不再相互说脏话了。 如果有谁不小心说了，别的学生会主动制止说："嗨! 闭嘴! 不许说脏话!"

在研究生班上，新学期一开始，我就对学生清楚表明我的规矩和态度。 我宣布说，不管他们到没到，我都会准时上课。 如果迟到，他们只能自己想办法找其他同学补上落下的内容。 我与他们分享了一些我的教学经验和方法，希望他们根据自己的能力积极参与我的一些实验。 我还要他们对一些事情保密。 这样，我以一种微妙的方式给这些成人学生竖起来一道橡胶栅栏。

在一个高中的英语课上，学生通过作文表达了他们对一个友好课堂环境的愿望。 加勒特·凯泽尔，教师兼作家和诗人，要学生罗列一下他们在他课上学到的"额外"的东西——也就是除了书本知识以外的东西。 许多学生列的东西是他们对阅读态度的改变，其他学生列出了课堂气氛。 有个学生写道："我学到了这个：一个班的同学原来可以像家人一样在一起，互相开着玩笑，同时还学到了知识，完成了作业。"另一个学生写的是："一个氛围融洽的课堂比一个乱糟糟的课堂能学到更多的东西。 在课堂上，同学都有礼貌、相互尊重、友好相处，你会学到更多的知识，也会对所学的科目敬畏有加。"[13]

如果周围的大环境是友好的，那工作场所、教室、办公室就更容易有一个友好的小环境。 尊重他人，为人友善，这更有利于学生和老师在教室里创造一个安全的学习环境。 我想，这可能就是高中校长克里斯汀·沃尔特斯为什么工作这么出色的原因吧。 如果教师们自己都不能体验到友好的氛围，怎么能指望他们去创造一个友好的教学氛围呢？ 通过让教师们相聚，分享各自的成功和失败，相互帮助，相互指导，南部高中的教师和管理人员成了一个紧密合作的团队。 范德比德大学的教育学教授芭芭拉·斯腾格尔（Babara Stengel）说："教学就是一个团队工作。 要想个人获得成功的可能性微乎其微，除了特例。 因为它太使人心力交瘁，太难了——你需要歇会儿。"[14]

仁慈面对学生

——我相信，仁慈是教学这一神圣艺术的基础……善意对待学生，不仅不会破坏我们在他们心中的威信，反而会让他们更尊敬我们，因为学生总是对善待他们的人尊敬有加。[15]

仁慈，即有助于人，对他人有同情心，是把我们的孩子培育成为健康快乐的人的一个重要因素。在对孪生孩子进行的一项研究里，人们对孩子父母的智商和教育背景、其家庭在社会中的经济地位以及他们童年时候接受的各种训练和教育都进行了研究，结果显示，以上因素对孪生孩子的影响都不及他们是否被仁慈地关怀成长重要。我认为，仁慈也应该是神圣教育的基础。在具体的教育环境下，无论我们做什么，我们都应该仁慈地去做。我们应该带着一颗仁慈的心去为学生立规矩，批改作业，规范他们的行为，挑战他们，约束他们。仁慈地对待学生也应当包括严格要求、寄予厚望、给他们各种挑战。仁慈的态度不但不会削弱我们的权威，反而会使学生更尊敬我们，因为学生更喜欢善待他们的老师。

仁慈可以有许多表现。有时是鼓励支持，有时是愿意倾听，有时是花一小会儿时间问问他们的生活情况。 也会表现在老师如何召集学生，如何对待调皮捣蛋的孩子，表现在其权威受到学生挑战时教师的反应。

我们个人的品格往往会在无形中引导我们去表现我们的仁慈。吉尔伯特·海伊特是《教学的艺术》一书的作者。 他在书中描写了另外一种仁慈的表现，一个满脸严肃的老师，很少点名，但是却大费周章地竭力把授课内容弄得让学生更易听懂，保证他们都能正确理解。"尽管他有一张不苟言笑的脸，他的行为有时并不那么富有人情，但是，他的最初动机就是要让学生都能掌握所学的内容，帮助赶不上的学生，为听不懂的学生答疑解惑，他仍然应该被看作一个仁慈的老师。"[16]

无论我们怎样向学生表达我们的善意，他们都会学着去善意对待自己的同学和老师。 克里斯汀·沃尔特斯告诉我说，有一次，她心情低落地走过教室外面的过道，突然身边响起一个学生温柔而充满敬意的声音："老师，您今天真漂亮!"这个学生温柔的善意打动了她，使她一下子有了精神。 给出你的善意和得到善意一样重要。

在我们努力寻找如何善意对待学生的有效方法时，别忘了也应该善意对待我们自己。 有的老师对自己非常苛刻，总觉得自己对学生或班级做得还不够好。 当和某个家长的见面没有达到预期的效果时，他们会花很长时间来回顾那次谈话。 当在班上发了脾气，他们会非常不安，总是摆脱不了由此造成的坏感觉。 我们对自己往往没有对学生仁慈。

亨利·卢云相信，太强的责任心会导致老师自我评价不足甚至苛刻。 他建议我们要时刻记得，学生不是"我们的"，他们只是我们教室或是我们生命中的匆匆过客，他们之前到过许多别的教室，将来也会到别的许多教室去。[17]

当我们带着仁慈、友善和大度的心态审视我们的一天、一周或是一个学期的教学，我们才能看出下一次可以改进的地方，坚信我们已经在这种条件下尽力了。 用这种态度善待我们自己，我们才能对学生抱以期望的态度。 我们不可能做到完美极致，但只要善待学生，给他们应有的尊重，这样就能给他们创造一个身心自由的环境。

审视内心，发掘潜能

1.复习本章前面页讨论的九种智力，哪三项是你的强项？哪三项是你的弱项？对照你的儿童时期、青少年时期和成人时期，这些分类对你来说合适吗？你有没有被鼓励过，到自己没什么天分的领域里努力一把？在生活和教学中多关注一下多元智力的理论，看看你能否找出不同学生的智力特长。

2.回忆一下你努力学习某种技能的过程,那是一种坚持吗？你放弃过吗？有人怂恿你放弃过吗？有没有人鼓励过你？帮过你？从这段经历你有没有一些感悟？

3.回想一些善待你的老师。想想他们是怎样让你明白他们对你和其他同学的期望的？他们的善意是如何影响你的学习经历的？你是如何来表达你的善意的？

第三章　热爱所教的学科，不断学习：
交流我们的激情与困惑

尽管我是这个领域的专家，但我仍然像个初学者一样面对我的学科，充满激情。

——彼得·施耐德(Peter Schneider)

彼得·施耐德一直想当一名建筑师，他坚持学习，最终实现了自己的理想。 在南非的大学，这个专业需要学习六年，四年级的时候进入实习。 他在一个城市设计与规划公司完成了自己的实习任务，并在毕业时留了下来，最终成了合伙人。 作为班里的高才生，也有大学愿意聘请他入职。

后来他发现，从事建筑学教学远比单纯进行建筑设计更富有创造性。 在画板前他只是不停地重复：设计、再设计，但这些都被客户的要求所限制。 而在教室里，他可以自由引导和推动学生，去超越建筑设计领域里已有的种种传统和习惯。 所以，他后来离开了设计领域，进入高等学府。 在这里，他发现原来教育才是自己的天职。

彼得热爱建筑学教育，他不但教给学生建筑学方面的技能和知识，还引导学生探索外在世界和他们各自的内心世界，探讨如何把设计师的心灵、技术、方法跟周围的自然或人文景观交流融合，他对此充满激情。 彼得的班上通常有150～250个本科生，他精心设计课堂和教学内容，和学生交流。

尽管彼得从事这门课程教学已有许多年，但他绝不重复自己的授课内容。 对自己、对学生以及身边的环境，他总是能找到新的东西和观点。 他的创造性以及他对新东西的开放态度感染了学生。 通过他布置的各种有趣的作业，学生们全身心地投入建筑学的学习。

彼得认识到，即便是大学一年级的新生，他们起码也有十八年环境和设计的个人体验，这些个人体验将是他们学习建筑学的基础。 他要求学生写下他们个人在特定时刻，比如小时候建造过的各种"建筑"——楼梯下面的一个秘密城堡，或是纸箱做成的洞穴。他还要求学生描写他们待过的最讨厌的房间和最喜欢的房间。 他还要他们记录下记忆里的某个楼梯、过道、走廊等等。 这些作业使学生意识到自己原来对建筑已经这么熟悉，建筑学原来是这么富有活力。 同时，学生们也在帮助彼得认识自己、认识学生、认识建筑学本身。"尽管我是这个领域的专家，"他告诉我说，"我仍然像个初学者一样面对我的学科，充满激情。"

内在的学习动力

——当我们意识到，无论我们的年龄有多大，无论我们扮演什么样的角色，我们都既是老师又是学生，这个时候，美妙的事情就会发生。

在第二章，我们讨论了在每个师生的内心里都有一个老师。 我们可以把它理解为，我们每个人都有内在的智慧，从莲恩对无穷大的理解到彼得从学生鲜活的经历中总结出的智慧，莫不如此。 我们的内在智慧是我们生命的一部分，它比我们想象的要强大得多。

在神圣的教学中，老师应该尊重他们自己和学生的内在智慧。苏菲派哲学告诫教师："如果学生不把所学的东西和自己的内在智慧结合，老师没有起作用，学生也没真正学到东西。"[1] 学生一旦发现了自己内在智慧，如突然问一个我们自己都没想过的问题，突然用诗一样的语言表达一种新的见解，或是把不同的学科有趣地联系在一起，这时我们应当大力加以赞扬。 我们自己的内在智慧表现在，讲课中突然用一种新颖的方式讲解一个概念，面对一个沮丧的学生或一个有抵触情绪的学生，我们突然找到一个合适的词语去安慰他们或面对他们。

我们可能已经认识或确定了我们内在的老师——我们内在的智慧，但我觉得，对我们内在的学习动力还没有加以足够的重视。 我们可能认为只有学生需要学习，他们因此才要坐在教室里。 因为各种各样的原因，学生的内在学习动力可能处于沉睡状态，可能被某个老师的严厉批评所伤害，或是被某个权威人士所低估。 我们有多少学生曾经被告知他们太笨，学得太慢；被告知他们学不好数学；问个问题被人嘲笑；答错问题被人戏弄。 学生在开始各自的学习之前，应该先激发一下他们内在的学习动力。

教师也应该保持强烈的内在学习动力，这应该是他们教学经验不可分割的一部分。 如果教师开始觉得所教的学科没什么好学的了，或者开始对新事物感到厌倦了，或是开始变懒了，这些现象都是很危险的。 最大的危险是，觉得自己现有的知识已经足够教给学生，没有必要再去寻找新方法、新材料来把现有的学科教好。 如果我们内在的学习动力还在，对我们所教的学科就会时刻有新鲜感，我们的教学就会显得活力十足。

我们来想象一下，假设有两个人，坐在一间教室或办公室里，一个是学生，另一个是老师。 这是他们的假定角色，一个教，一个学。 这个过程没有变化，没有调整，没有火花。 他们就这样被限制在预设的角色里。 但是，如果再想象另一个场景，这时有四个角色，在这个场景里——老师内心深处的一个学习者和他内在的智慧；学生内心深处的一个自我教导智慧和学习智慧。 这个时候，师生之间的互动和交流呈指数增长。

假设学生的内在学习者问了一个问题。 如果老师仅限于自己的权威角色，他可能只会机械地回答学生的问题，即便他其实并不十分理解这个问题。 如果这时教师的内在学习者参与进来，他可能会再提一个问题来说明前一个问题，这样，他可能会意识到学生对这个问题有所发现，甚至想进一步探索。 看到老师的变化，学生方面有可能也会意识到自己的问题来自某一个深沉的地方，对这个教与学的过程有着某种重要的影响。 这一时刻，学生不再只是学生，老师也不再只是老师，师生是在一起共同学习。

我想你们一定经历过这种充满活力的时刻，无论是在教室中还是和你的孩子相处时；无论是和朋友还是跟同事。 当我们意识到，无论年龄如何，角色如何，我们都既是老师又是学生，每当这个时候，美妙的事情就会发生。 这时每个问题即使不会都有答案，但都会被认真对待，认真考虑。 师生之间交流各自的想法和观点，即便有些跟所学的科目毫不相关，但这些想法和观点还是被看重。 有时大家都很兴奋，教室可能显得有点吵闹，但大家都在相互倾听，每个人的观点都受到欢迎。

作为老师，承认我们的内在学习者并不会影响我们教给学生知识。 我们为自己的知识骄傲，同时也要明白我们有很多东西不懂，还有很多知识值得我们去学习。 彼得就是一个随时拥有这种学习动力的老师，即便他班上有两百多号学生，即使他承认自己某些方面才刚刚起步，他也能很好地发挥自己的专长。 面对学生，承认我们既是老师又是学生，这会给我们所教的课程内容注入无尽的活力。

当学科变得充满活力

——真希望你的老师能把最枯燥乏味的学科知识变得生动有趣。世界是我的课堂,生活是我的学科。

我们都当过学生，我想象得出你们一定遇到过这样的老师，他们用乏味枯燥的教学扼杀了某个学科的全部知识，或者他们使你觉得他们已经教给了你某个学科的全部知识，没有什么新东西可发现了。 不过我还希望你们遇到过这样的老师，他们能使最枯燥乏味的知识变得生动有趣。

我丈夫大学的地理教授就是这样一位老师。 我丈夫吉姆为了读研，得选一门科学课程，当时地理课似乎是最简单的。 然而，在麦克·加农（Mcgannon）教授的课堂上，他发现了一个全新的关于地球物质和变化的地理世界。

麦克·加农教授对地理充满了激情，他的学生戏称他为"岩石"博士。 当他讲解不同的岩石的分类，它们的年龄、结构和分布时，他的眼睛闪烁着激动的光芒。 他把已是中年的学生带到野外，让他们自己去发现地理的魔力。 就是在那个时候，吉姆开始对各种岩石着迷，他在路上收集各种岩石，对它们进行分类整理并摆放在家里。他时不时提起这位老教授，对他赞赏不已，说是他给这些枯燥的石头带来了无尽的活力。

有时，并不是学科本身使一个老师兴奋，而是这个学科变成了承载某种东西的载体，这才使老师兴奋不已。 彼得·贝尔和他的英语课就是这样一个例子。 当他的直觉带着他来到教室的时候，他明白不能教自己最喜爱的科目——哲学，因为大多数公立中学都没有这门课。 所以他只好转向教英语。 彼得不像"岩石"博士痴迷岩石一样痴迷英语，不过他喜欢各种思想。 彼得教学的活力来自各种思想，这些思想与文学休戚相关——文学故事带来社会正义的问题，学生的生活经历会在所学的文学作品里有所反映。 而彼得对各种思想的热爱又是那么富有激情和感染力。

面对低年级的学生，教师对学科的热爱可能表现不同。 有些老师可能对幼儿园、学前班、低年级所要求的那些基本知识没有那么大的热情，但是，看着孩子们努力学习的劲头，也有的老师可能会表现得非常兴奋，充满激情。 汤姆森女士是一个一年级老师，她教一年级已有三十二个年头了。 学校的一个管理干部告诉我说，他们曾鼓励她换一个年级教，但她却说："我喜欢教孩子们阅读，从来不曾厌倦。 每个孩子都有自己的一套学习风格，有的孩子学习一帆风顺，而有的却困难重重，所以我们应该因材施教。 而我可以有幸看到他们打开一个新的充满魅力的世界，我干吗要去干别的事情呢？"

杰西卡·耶格尔（Jessica Yeager）在家教自己的三个孩子：一对双胞胎姐妹，五岁；还有一个小妹妹，两岁。 当我要她讲讲她是怎么教、教什么的时候，她这样说道："世界就是我们的课堂，生活就是我们的教学科目！ 我把姑娘们带进真实的世界，我们的家、外面的花园、街区、左邻右舍和朋友家里。 她们仨像海绵一样，用五官感受着周围的一切。 她们会问很多问题，有许多我也答不上，这时我们就一起寻找答案。"

孩子在家里接受教育，这可以使杰西卡把教和学整合起来，包罗万象。 她喜欢孩子们问的一些有趣的问题，比如上帝是否就住在云里面，或者她们为什么会出生，等等。 她说："在公立学校，生活被划分成块状，这个学科、那个老师、家庭作业、休息等等。而我相信生活和学习是一个整体，我想和我的姑娘们一起来体验。"姑娘们互相学习，杰西卡也和她们互相学习，一起探索着周围的世界。我问她，还会这样在家教孩子多久，她说不知道，一切都要看孩子们的兴趣和要求，她相信她们会知道自己想要什么的。

相信学生的需求

乔伊·切尔尼拉（Joey Chernila）完全同意，我们应该相信孩子的智慧，哪怕是非常小的孩子。他自己在五岁的时候就有过这么一段经历。那时他父母把他送到他们家附近的一所幼儿园，可是他非常不喜欢。他告诉父母他再也不想回到那个幼儿园了，在那儿什么也学不到，老师对学生也不好。一天放学后，他妈妈把他领到一个公园里玩儿，乔伊爬上一个滑梯，对妈妈大声说："我要转学，你如果不同意我今天就不下来。我会在这里一直站到晚上。"在别的家长眼里，这个行为真要逆天了，这就是明目张胆的勒索。但是，乔伊的妈妈尊重孩子的看法，她相信孩子知道自己的需求。她答应了他的要求，给他换了另外的学校。在离家不远的地方，有所蒙台梭利学校，乔伊非常喜欢那里，在那里他得到了很好的发展。三十多年后，乔伊自己成了一位蒙台梭利学校的老师，你一定不会吃惊吧。

在蒙台梭利学校，跟在家学习的杰西卡的女儿们一样，学习和孩子们的兴趣是一致的。 蒙台梭利学校的教室是为孩子的探索而设计的，里面有很多探索必需的材料和设备装置。 一旦确立了行为规范，孩子们就可以通过一个又一个活动来不断探索前进。 有些孩子可能要花几个小时来做一个活动，而有些孩子的活动可能进展很快。 老师在这里就像发热的火焰，带给孩子们启示或是引导他们。

乔伊说他最重要的教学工具就是他的一个剪贴板，在上面他记录了很多孩子的学习情况。"对我来说最难的事情就是待着，不去干预孩子们的学习。 我天生就是个爱热闹的人，所以我不得不给自己安上一个静止键，努力退到幕后。 有时我其实很想去给孩子们加把劲儿，或是给他们提供一些帮助，可我知道，如果这样做了，孩子们就不会自己寻找答案了，他们就会养成从外面寻求帮助的习惯。"

乔伊和杰西卡从事的其实就是所谓"以学生为中心"的教学。在这种教学环境里，在教师的指导下，学生决定学习的速度，选择学习的内容。 这就是蒙台梭利教学模式的精髓。"以学生为中心"的教学模式经常被整合到各级学校的"以教师为中心"或是"以学科为中心"的课堂里。

不断变化的中心

在过去二十多年里，"以教师为中心"的教学模式在各级学校渐渐失宠。这种教学模式给人的印象是这样的：一个所谓的专家对着一群被假定为无知的学生灌输着所谓的知识。帕克·J.帕尔默把这种场景下的学生称为外行，认为他们是一群"毫无专业素养，且持各种偏见的人，全靠从专家那里单向获取相关知识和观点，从来没有一丝一毫的反馈。"[2]

反思我自己的教学经历，我觉得自己不是以上描述的专家。我绝不可能一直不停地讲二十分钟，我要靠学生参与来活跃我的课堂。然而，我认为，对特定的学生、老师和学科内容，以教师为中心的授课方式不失为一种可行的教学方式。这使我想起我学希伯来圣经的经历。

学这门课程之前，我对希伯来语是一无所知，不熟悉它的字母，不知道它的书写是从右到左，发音更是混淆不堪，我就是一个十足的外行。我需要从老师那里获取一切相关的知识，我不可能有什么反馈，我只能尽量从老师那儿获取。老师和学生、学生和学生之间几乎没什么互动。有一次在课堂上练习对话，我被分配和一个年轻的女士一组，她在以色列生活过一年，对现代希伯来语还有点熟悉，她不停地给我说，这个语言一点都不难。

　　有些时候，老师会采取以教师为中心的方式开始一堂课，渐渐地他会放弃这种单向的"满堂灌"的授课模式，开始认可学生的生活经历，让他们参与进来。 记得德纳·维尔班克斯就是这种老师，他采取以教师为中心的方式开始给研究生上课——他热爱他所教的专业，花大量时间认真备课，完全按照自己以前接受的教学方式给学生上课。 不久，他意识到这不是唯一正确的方法。 在同事的帮助下，他的授课方式变得越来越以学科为中心。

　　在以学科为中心的课堂上，由老师单向的满堂灌变为以学科为中心的圆圈，所有学生和老师以学科为中心形成一个圆圈。 每个人都可以接触到学科知识，每个人之间都可以互动，这种互动形成一种"复杂的交流模式——分享各自的观察、理解，互相纠正错误、相互鼓励，一会儿产生严重分歧，一会儿又同意、支持相互的观点。"[3]

　　你有没有这种课堂经历？ 要么以学生为中心，要么以教师为中心。 无论是在学校的教学还是在教会和避静中心，我关于祈祷的教学多是以学科为中心的。 我把祈祷放在中间，围绕它进行一系列活动：同意、分歧、分享、反馈；回忆各自的经历、相互提问等等。我研究祈祷多年，对此的心得和知识，我毫不保留。 可是，知识只是学科的一部分，是拿来供学生观察和理解的。

　　在跟一个年轻人谈起他的高中经历时，他给我说了一次他上美国历史的亲身经历，这段经历令他大开眼界。 老师提供了事实、人物、时间等等一系列的各种信息，但她并不是课堂的中心。 这个课程的关键是——即真正的科目是——而且一直是这样的理念,历史能为学生当下的生活提供借鉴,并影响他们的将来。 每一个史实都被认真分析、探讨和质询。 学生被告知,从一个视角书写的历史从来就是不完整的。"老师要我们尽可能从别的角度思考,"他兴奋地告诉我说:"历史老师甚至要我们从奴隶的视角看看美国内战会是什么样子的。 或者,在妇女的叙事里工业革命的面貌又会变得如何。"在这个以科目为中心的课堂里,这位历史老师鼓励学生透过事实,自己去发现一些历史的可能性。

我从来不相信一堂课会是单纯的老师为中心或学生为中心或是学科为中心。 斯蒂夫·利普罗格所教的四年级在学期的开始几个星期,课堂是以老师为中心的。 随着学年的推进,他觉得学生们都准备好了,便逐渐放开了手脚,让学生们为自己的学习承担更多的责任。

乔伊·切尔尼拉承认,蒙台梭利教学法虽然倡导以学生为中心,但是,有些时候,课堂还真得以老师为中心才行。 老师应该为学生积极学习营造一种氛围,这里不但要有广泛的学习可能性,还要尊重学生,善待学生。 要教给学生言行举止的规则,这样他们才会在自己学习的过程里不干扰到其他学生的学习活动。

在我自己的祈祷课上,我得放弃科目为中心的教法,给学生先讲一些基督教历史上发生的故事。 我认为学生需要先了解基督教历史上那些重要的历史人物,然后才能更好地学习各种神迹。 可大部分学生对此却知之甚少，他们只是一些初学者，或是业余爱好者，需要对那些故事发生时的社会、宗教、政治背景有所了解。 最初几堂课，大量的信息从我这里流向学生。 此后，故事本身成为课堂的中心，我鼓励学生深入钻研这些故事中圣人的生平，认真思考这些中世纪或当代圣人是如何影响宗教传统，如何影响他们自己的祈祷生活的。

课堂中心的不断变化可以活跃课堂气氛。 可是，困扰所有老师的问题是，当我们选择科目为中心的教学法时，我们所教的那届学生或那个班的学生不一定有能力分担学习上的一些责任，并自己控制学习的进度或方向。

在小学，如果你有意探索以学科为中心的教法，可是前一任老师可能用的是以老师为中心的教法，学生已经养成习惯，把自己当成门外汉，自己要做的就是认真听讲，接收老师传递的知识。 遇到这种情况，需要花大量时间和精力，激发学生的内在智慧，使他们为自己的进步承担一定的责任。 起初可能班级会出现一些混乱，引起一些不解，你可能会被别人误解，觉得你不能很好地进行班级管理。可是，如果你愿意让学生尝试不同的教学方式，这样做是在向他们逐渐灌输对学习的终身热爱。

终身学习

当我们接受终身学习的概念，成为以学生为中心的老师时，我们所进行的教学就成了一门神圣的艺术。[4] 以学生为中心的老师无论在自己的专业领域还是在其他领域，都会因学习而兴奋。 他们为学生树立了榜样，对世界始终保持一种好奇，对新观念持开放态度，愿意追求新的兴趣，不为别的，只为热爱学习本身。

吉尔伯特·海伊特将理想中的老师定义为："特别广泛而充满活力的知识兴趣，对精神世界充满激情的探究，对艺术永不枯竭的热诚，终其一生不断拓展精神世界的人。"[5] 这个标准真够高的。 不过看看你记忆里的老师吧，从他们在教学和课堂上与学生的互动，你一定看得出他们都是终身的学习者。 也许他们讲过某个夏天参加拓展训练营的经历，或是五十五岁开始学弹吉他是多么艰难，或是通过高倍望远镜所看到的宇宙太空是什么样子。

作为终身学习者，我们要记住，教学就如同创新一样，来自圣召，是一门技艺，是可以而且必须学习掌握的。 单纯的热情不会自动准备好我们在教室或职场或研讨会上要进行的教学。 相反，我们许多人其实对教室里的现实并没有做好充分的心理准备。 在教学生涯的头几年，我们要向有经验的老师学习，单纯的教育理论并不足以应对教室里的现实问题。 我们还应该从错误中学习，就像其他任何一门技艺一样，教学也同样需要时间和实践的积累。

当我们愿意尝试新的教法，对敢于挑战我们的观点、指出我们的错误，敢于说我们对某些东西无知的学生持开放包容的态度，此时，学生就会知道我们是终身学习的人。 这种事情曾经发生在我的身上，那是几年前，我在教进修生的时候。 那天我讲到我的家庭历史时，我称我的一个叔叔是他们那代人的害群之马（black sheep），对此我也没有多想，直到课后，有一个非裔学生过来对我说："您今天上午说的那句话有种族偏见。"我搜索了一下我的记忆，感到非常吃惊，学生说"害群之马（black sheep）"我才反应过来。 我说这话时一点也没注意到这个词汇所隐含的种族主义倾向，我连声给她道歉，她说："没必要再道歉了。 我非常尊重您，才不想让您蒙在鼓里，您不知道这个词其实是很冒犯人的。"

在我辅助的一个博士项目里，在一个韩国学生那里，我还有一段文化学习的经历。 有学生问该如何称呼我，我说："请叫我简吧。"那位韩国学生被吓坏了，他连忙说："不不不，我绝不会那样叫您。 在我们国家，这是非常不礼貌的，是绝不容许的。"那只是一个小型研修班，我不想搞得太正式，不想被叫作教授或是尊敬的温纳德之类的，最后我跟这个韩国学生达成一致，让他称呼我为尊敬的简。 直接对我称名道姓让这个韩国学生非常不安，不过简前面的称谓使他能坚持韩国的文化传统，也满足了我不想太正式的愿望。

在任何环境中都能找到学习的机会是辨别终身学习和继续教育的标准。当年哥伦比亚大学重新命名其神学院的继续教育项目为"终身学习中心"，引起了人们对这两个概念的关注。神学院的领导之所以要把该中心命名为"终身学习中心"，因为他们意识到继续教育暗示我们需要别人来教我们，我们参加该项目是想获得一个学位或证书——这些东西可以表明我们在事业上的进步。然而，终身学习却可以说明我们在心灵、精神和智慧上永无止境不断向前的过程。

如神学教授韦恩·惠斯顿·弗洛伊德（Wayne Whitson Floyd）所写："继续教育可以使我们知道一些别的以前不知道的东西，但终身学习却假定我们可以通过学习变成另外一个不同的自己。"[6]

确实，当我们认识到教学的神奇力量，它就真成了一门神圣的艺术。我们不仅仅在给学生传授一些知识，与此同时，我们也在塑造着学生和我们自己的生命。我们所传授的学科知识固然重要，因为那是承载变化的工具。想一想学生对事物有了洞见时眼里兴奋的光芒，这可能从此改变他的世界观。再想想学生问的某个问题，也许直达事物的核心，而他也意识到了自己头脑的能力；这些都是转变的时刻，对学生对老师都是如此——学生被托付给我们，我们的日常教学能这样打开学生的心灵、浇灌他们的智慧，这对我们来说，比什么都重要。

审视内心，发掘潜能

1.你有过自己热爱的学科老师吗？在他们手下学习是一种什么样的体验？就你所教的科目而言,你最喜欢的是什么？这个科目,你最喜欢教的是哪些内容？

2.作为老师和学生这两个角色,你对以教师为中心、以学生为中心和以学科为中心的教学法有些什么样的体验？

3.你的内在学习动力有多活跃？试着回想一下,学生教给你新的东西的时候,那是一种什么样的体验？

4.时刻保持与你所在领域的发展同步,你有何感想？你最近一次探索新的学习领域是什么时候？

第四章 使用神圣的语言：
讲故事、问问题、仔细倾听

上周我犯了个错误，对不起。

——霍利·霍伊尔（Holly Heuer）

　　三小时布道研讨班的学生第二个星期就开始失望了。　上个星期他们还兴高采烈地与教授霍利·霍伊尔见面。　她是当地教堂的牧师，有多年布道经验。　知识渊博，为人聪明而风趣。　当她给出研讨班的内容大纲以及对学员的要求时，大家都觉得踏上了一次独特的神学体验之旅。

　　然而第二周，来了一位旁听者，他是霍利的同事，对她给学生布置的练习感兴趣，因此，霍利便邀请他来研讨班旁听几周，看看学员们做练习的情况。　教室里突然来了个陌生人，学员们都觉得很不自在。　他们刚形成一个新集体，突然冒出个外来人，而且还要参与他们的课堂活动，这让他们非常迷惑、不安，也让他们不能专心做练习。　当天晚上，社交媒体上就炸开了锅。　学员们对旁听者的到来这件事表示非常失望。　他们给霍利写邮件，要求她对此给予解释。　非常明显，学员们不想研讨班对外开放。

　　霍利后来告诉我说，她对学员们的这种感情宣泄非常不安。　这是她第一次在研讨班上课，兴奋之余，也非常紧张，不知如何表现自己才好。　第三周的课就要开始了，她不知怎样去面对学员，甚至萌生退意。　绝望之中，她打电话向一个朋友求助。

　　"和朋友的交谈真是救了我的命。"她后来告诉我，"我把事情的经过原原本本讲给朋友听后，她静了静，对我轻声说：'霍利，是你错了。'听了朋友的话，我的紧张顿时就没有了。　我明白是我的一个小错误带来了大灾难。"霍利于是打电话给那个旁听的同事，坦率告诉他自己变卦了，收回对他的邀请。

就要开始上课了，教室里死一般沉寂，学员们都在拭目以待，看会有啥变化。霍利做了一个深呼吸，对大家说："我犯了一个错误，我不该让人来旁听。我错了，对不起。"一个学员后来说："当时大家都屏着一口气，这下全都松了出来。好在霍利不再纠结此事，她没给自己找任何借口，也不做过多解释，看得出她也变得很轻松。她微笑着，开始讨论布置的阅读材料。那一刻，我们都明白她的话是发自内心的，觉得她是可以信赖的。"

我们所使用的语言

尤金·彼得森（Eugene Peterson）是个作家兼圣经学者，在其《冥想中的牧师》里提到，我们的文化中其实有三类语言存在：信息语言、动力语言以及个人语言。[1]所有这三类语言在教学中都会用到，不过他特别强调了个人语言的使用。

信息语言含有各种事实和数据，这些东西只要我们的指尖一动就可以在各种电子设备上获得。烦琐的百科全书、笨重的字典、凌乱的卡片时代早已过去。如果你需要了解什么，电脑上点几下就会出来你所需要的信息。

信息语言是教学的基本语言。我们要给学生提供所教科目的相关信息，孩子们需要掌握起码的东西，如字母、事物的名称以及如何计数。 他们喜欢各种信息类的东西，为自己掌握了各种信息感到高兴。 我的养子吉米十岁的时候，一天他兴奋地告诉我，他记住了所有朋友的电话号码，然后给我背出了整整二十八个号码。

随着学生年龄的增长，他们学到了新的词汇，掌握了各种历史信息，开始学习各种科学知识。 随着知识的不断丰富，他们变得越来越自信，他们能说出各个州的首府，背诵各种诗歌，还可以给你解释我们的消化系统是如何工作的。 如果你是某一学科的老师，无论你教的是何种程度的学生，你都可能拥有你所教学科的丰富知识并乐于和学生分享。 你甚至可能成为某学科的专家。

然而，如果你一味使用信息语言，不久，学生就会屏蔽你。 信息本身是枯燥乏味的。 如果一个讲座只有信息性，你能坚持听多久？ 反正我自己只有十分钟的关注时间。 想象一下在一个不那么正式的场合，某人对某事特别有激情，他把你逼到一个角落，一遍又一遍地向你灌输他所热爱的东西，你会有什么感受？ 如果是我，我可能会礼貌地点头附和，但我的心思早就不知飞到哪儿去了。 不过，如果有人事先告诉我有必要认真对待这些东西，也许我会更专心点儿。

彼得森把第二类语言称为"动力语言"。 动力语言的目的是说服听者，它经常与信息语言一起使用，常见于各类广告和政治选举活动中。 被推销的产品或政治候选人的信息被动力语言包装，使你有购买这种产品或是要为这位政客投一票的冲动。

　　在教学中，动力语言比信息语言更微妙，通常由我们的语气、态度或各种实例体现出来。还记得"岩石"博士吧，他对地理的热情就是教学中最好的动力语言。他没有花时间告诉学生他们也应该热爱地理，没有花时间告诉他们研究岩石有何重要意义。他自己对地理的热爱和他上课的激情本身就是最好的动力语言。如果他只是口头上让学生认真学习这些地理知识，很有可能事与愿违。花时间啰里啰唆告诉学生学习的重要性往往是吃力不讨好的事。他们本身就生活在一种被推销的文化氛围里——购买什么、如何行动、投谁的票，甚至如何思想。我们的学生对过度的动力语言有一种不信任感，我认为这是健康的，说明他们需要的不止这些。

　　彼得森划分的第三类语言是个人语言。个人语言可以使师生在说话交流时以诚相待。信息语言和动力语言固然重要，然而，个人语言可以把所有事实推向一个新的高度。只有个人语言可以使学生和老师从他们各自的角色中走出来，坦诚相见。

探讨个人语言的魅力

　　——个 人 语 言 的 实 质 就 是 一 个 "我"。

　　本章开头的故事里，霍利发自肺腑的话语其实就是个人语言的使用。"我错了！"这里，她没有多说那位旁听者，也没有多说自己是怎么从这混乱里走出来的。 她也没有使用动力语言，试图让学生理解自己或原谅自己。 简短的一句认错就足够了。 圣公会牧师、大学教授芭芭拉·布朗·泰勒（Babara Brwon Tyler）认为："在充塞着各种辞藻的世界，只有那些来自日常、简单、实在的词语才能引起人们的注意。"霍利的那句"我错了"就是最好的证明。[2]

几年前，我曾做过一个毫无个人语言的讲座。 我的一个朋友，他是天主教神父，请我为一所天主教学校的老师做一个工作坊。 有这么个机会我当然非常高兴，精心计划如何接近这群特别的天主教老师。 计划完成后，我问神父，老师们是否会介意我不是天主教徒，他不经意地说："你没有必要告诉他们这个。"

我决定照他的建议行事。 在工作坊，我隐瞒了我是新教徒的事实。 这真是一个悲惨的遭遇，它使我心力交瘁。 整个过程中，无论是练习还是和参与者互动，我没能讲一个我真实的经历，我时刻都得小心谨慎，不敢暴露自己新教徒的真实身份。 下午学生在对课程进行评价时，有一个人这样写道："材料都还有趣、有价值，可老师怎么显得冰冷，毫无感情。"

个人语言的实质就是一个大写的"我"。"我"的使用可以让学生知道，这是一个真实的人在跟他们交流。 如果学生的观点你不同意，你会说"我觉得应该做另外的理解"。 最好不要直截了当说"你错了"。 以"我"开头的话留有余地，可以让师生展开对话，使他们之间产生连接。 而简单的一个声明或判断容易引起听者的警觉和反感，让他们关闭心灵。 如果要开始一场对话，你喜欢用"我认为"开始还是用一个来源不明的陈述，如"有人认为"或是"大家都这么认为"开始？

个人语言不能取代动力语言，也不能替代相关的信息和事实，然而它可以把教师置于生动的场景之中。 教师可以用自己的生活经历给学生讲故事，比如让学生知道自己当初学几何是多么困难，正在读的某本书当初是如何影响自己做出某个决定，而那个决定又是如何影响自己未来的。 回头看看自己的求学生涯，我想你一定能记得某个老师讲过的故事，无论是在课堂上讲的还是你们私下里讲的。 我也相信，许多年过后，你已经自然而然地把这些故事融入你自己的教学中了。

我知道经常有老师表示困惑，在教学中到底应该透露多少个人信息才合适。 自我暴露有时适得其反。 如果老师在学生中寻求同情、肯定或理解，那他这是在利用课堂和学生来达到自己的目的。在决定是否使用你的个人经历时，我的准则是看这个故事是有利于促进学生的学习还是只是有利于我自己。 有时这两者很难区分，为此我也犯过不少错误，不过我时刻保持警惕，不断评估讲述那些个人经历的动机。

除了个人经历，其他如某位科学家在做某个发现时的轶事或是某个历史人物的个人经历，这些都可以使我们提供给学生的相关信息变得生动有趣。 上大学文学课的时候，老师总要讲一些相关作家的生活轶事。 这些故事一方面提高了我们的兴趣，同时也为那些文学作品的学习提供了背景。 这位教授的文学课给我留下了深刻的影响，直到今天，如果我不能很好地理解某位作家的作品，我还会习惯性地去了解他的生平，以帮助自己理解其作品。

在教学上，教师在使用个人语言的同时，也可以鼓励学生，让他们回答问题时也使用他们自己的个人语言。 建筑学教授彼得·施耐德就是这么做的。 他鼓励学生写下他们和建筑、房间、过道、走廊的经历。 尽管那些作业是他布置的，但我可以想象学生在完成作业的时候，同学之间一定相互分享过各自不同的经历。 在灵修工作坊里，我常常要求学员反思自己的经历并和一两个同学相互讨论。 这些经历不是为我讲的，而是作为连接学员之间的工具，是他们相互分享聆听的材料。 分享个人经历、聆听他人的经历可以创造一个良好的环境，把简单的会话变成参与者之间的对话。

认识对话与辩论

　　——当学生的经历告诉我，作为一个老师，学会倾听是多么重要。

辩论的反面是对话。 辩论多用信息语言，是一个有输赢的比赛。 在辩论中，我们听对方说话的目的是要抓住他的缺点或错误，把它们记录下来并加以利用，来证明他的论点是错误的，这样来破坏他在辩论中的整体地位。 我们最熟悉的辩论无外乎各种政治辩论，不过除此之外，辩论其实存在于我们生活的方方面面。

　　想象一下，校长召集了一个全校会议，讨论新的阅读课程。 尽管这是一个讨论会，但实际上是一个小小的辩论会。 老师们来到这个会上，心里都有着各自的想法。 他们都想说服别人，表明自己的观点，展示自己认为的最好的阅读教学方法。 他们之所以相互听取意见，只是想找个机会展示相关资料，以显示某种教学系统优于别的教法罢了。 在这里，每个人都在陈述或是准备陈述自己的观点，并没有谁真正想倾听别人的意见。

　　类似的情况也经常出现在课堂上。 一次讨论很容易就变成一场辩论。 有时是关于休息的时候玩什么游戏，有时是关于期中户外旅行的事。 此外，各种社会问题、宗教信仰问题、道德行为问题等等，无论在中学还是大学，都很容易引起激烈的辩论。

　　要把一场辩论转化成一场对话，这可不是轻而易举的事情，这要辩论的双方对这两个概念有一定的认识和理解。 因此，我觉得在辩论彻底展开之前，有必要专门讲讲这两个概念的差别。 其中一个差别就是：它们的目的完全不同。 在辩论中，听者的目的是要抓住对方的弱点以便对其进行攻击，而在对话里，听者的目的是要去了解对方，理解对方的深刻观点或真实的生活经历。

　　对话的目的是寻找共同点。 对话还有一些显著特征，首先是沉默，这是一场对话必不可少的部分；其次是问题的澄清；最后是对别人的付出表示赞赏等等。 在对话里，别人对你的观点的反应是："这很不错，我从来没有从这个角度看待过这个问题。"这是不是让你感到很受尊重？ 还有一种反应是："恐怕我还没怎么懂，你能再说明一下吗？"

如果学生明白了辩论和对话这两个概念，并且在情绪平静的时候体会过两者的区别，在课堂上只需稍加提示，如"我们现在从辩论换到对话吧"，或是一句"停，停！ 现在没人在听别人的意见"，就足以使他们的会话在这两者之间切换自如。 对不同的行为发出不同的指令，让学生学会与人对话，这需要时间，没有人马上就会成为一个专家。 不过这是一种可以通过各种场景学习和练习的技能。

与人对话，最难的部分是双方要有开放的心态，愿意改变自己的想法。 我承认，我自己有时并不是那么开放，相信很多学生也很难做到这点。 对话需要耐心和精力，需要在相互信任的氛围中进行。 而学校和社会环境并不总是让人感到安全可靠。 即便我不想与人争辩，想与人对话，但如果我感觉没有人听我的，我会很容易进入辩论模式，变得焦躁不安，甚至对人指指点点，这样就会使对话变得越来越糟糕。

无论我们之前关于辩论和对话的经验如何，我们都可以为学生提供关于对话的指导，促成对话的开展。 还是回到刚才假设的阅读课程会上吧。 如果与会的人开展对话而不是展开辩论，那就需要使用更多的个人语言。 老师可以谈谈自己在不同课程上的经历，某个家长可以分享一下使他孩子受益匪浅的某个学习项目，另一个家长也可以谈谈他孩子使用的另一种学习方法。没有必要只有一种声音，不同的观点和声音都该受到尊重，得到倾听。每个人都在听取对自己有益的观点。人们认真倾听，努力摆脱自己的偏见，在思想上留一片空间，用于接纳某个凝聚了众人智慧的解决办法。要达到这个结果，每个人都必须学会认真倾听。

学会倾听，尊重沉默

布莱恩·麦考德（Bryan Mccord）是易立夫神学院的学生，就如何成为一个真正合格的教师，他写了一篇反思文章：

如果我不能够倾听学生，课后学生如果有问题或是需要我的建议时就不敢来找我——不管我教什么科目，教什么样的学生——如果这样的话，我认为我缺乏成为教师的资本。就我当学生的经验来看，能够倾听是教师的一项重要技能，也是非常有力且富有挑战的能力。在教室里，这项技能千万不可小视甚至忽视。

在我执教生涯的早期，我学会了积极倾听。在学校里，我们要学习重复别人的谈话——不仅仅是字面上的意思，也包括字面背后的思想感情。对此，起初我是心存疑虑的。有一天我在操场上值日，一个二年级的小家伙跑到我跟前，哭着大声对我说："他偷了我的球，他偷了我的球。"我深深地吸了口气，然后对他说："哇哦，这真让人气愤。"

"是呀。"他趴在我的肩上说了声,然后就跑开了。我很是吃惊。在学这项技能之前,我肯定会拉着这个孩子的手,去找偷球的孩子理论的。可现在,我明白了,他并不需要我的任何帮助,他需要的只是有人听听他的牢骚和不满罢了。

积极倾听在孩子们的活动中十分有用,但有同事指出,这项技能本身会带来一些问题。 幼儿教师金伯利·布朗尼(Kimberly Browne)做了一年的院长助理,这位院长当时正在就这项技能进行实践。 金伯利时常会找这位院长解决一些问题,或是就一些问题听取院长的意见。 可院长总是这样回答她:"你好像糊涂了。""我知道你的担心。"他从来不能提供有用的建议。"这使我非常抓狂,"她说:"我希望他能跟我对话、和我争辩,希望他能面对我、正视我。"当她把自己的想法跟院长说了以后,得到的答复却是:"你好像很失望。"如果她大声表达自己的感情,他就会说"哇哦,你这是生气了吗?"她觉得自己就像在跟一个气球说话——无论自己说什么,都会被悄无声息地弹回来。 根本就没有对话。

布莱恩(Bryan)在教学上使用的深沉倾听并不是一门技术,而是一种心态,这种心态可能会让人变得脆弱。 美洲土族人酋长萨克吉·亨德尔松(Sa' k' ej Hendersong)曾说:"真正的倾听是要冒从此改变自己的风险的。"[3] 要想仔细倾听别人,我们自己必须心甘情愿沉默,只有在沉默中我们才能听清、听懂别人,才有时间在做出回应前反思。 要想好好倾听别人,我们必须在会话中学会沉默。

我们文化中常见的会话形式不过是相互说服、完成各自的句子、用自己的叙述去打断别人、问些不必要的问题、提供建议。 我们只用一只耳朵听别人，同时还打着腹稿准备随时插入。 练习沉默的一种方法就是了解自己的会话形式，主动选择沉默，让说话的人充分表达自己，这样我们就能全神贯注倾听别人。 我们还可以用肢体语言或轻声表示我们在听。

或者，当需要我们反馈的时候说："让我想想。"或是问个问题，如："能再说一下吗？"这种开放式的问题是神圣语言的一部分，可以使学生明白，他们是受尊重并被倾听的。

拓展课堂里的问答形式

——与其匆匆忙忙给学生一个简单的答案，暂时解答他们的疑惑，不如多多鼓励他们自己去找寻答案。

我们的教学过程主要是这样的节奏：老师提供一定的信息，过一段时间，老师向学生提出些问题，以他们的回答来判断其掌握的情况。 想象一下，小学老师给全班一些乘法问题，全班一起给出答案；或是拼写或词汇问题，学生给出唯一的正确答案。 在教学过程中，我们常常用多项选择来测试学生的学习进度。 即便是相对简单的考试，答案也往往是老师认定的所谓正确答案。 这种方法用来判断学生掌握的事实性知识很有效，它将仍然是课堂教学的一个组成部分。不过，随着我们个人语言的使用、对话的进行，我们应当拓展这种问答方式。

还记得数学课上的莲恩吗？老师问学生："零除以一是多少？"全班回答："等于零。"老师又问："一除以零是多少？"全班又回答："等于零。"这时老师停了停，问是不是都同意这个答案，他想看看有没有不同的回答。老师的沉默给了莲恩自己算答案的时间，在此期间，她发挥了自己的内在智慧，找到了正确的答案。老师的沉默在此起到了关键的作用。

在我所教的五年级班上，我发现，每次我一提出问题，就会有学生马上举手，想要回答我的问题。每次都是那几个学生。我会停顿一小会儿，看看还有没有其他学生举手。如果没有，我会叫那些最踊跃的学生来回答我的问题。后来我发现，那些踊跃的学生使那些需要更多时间思考的学生放弃了举手回答的愿望。于是我拿了一个定时器到班里来。我规定在我给出问题后，学生不可以马上举手回答，必须等计时器响了之后才能举手。这样，我们让整个问答过程慢了下来，使所有学生都有充裕时间深入思考答案，速度不再得到奖励。越来越多的学生开始回答我的提问，我也听到了越来越多的声音。

在提问的时候引入沉默环节的同时，我们还要提一些没有正确答案的问题，这也是教学中一个明智的做法。小说家玛丽莲恩·罗宾森（Marilynne Robinson）在一次采访中提到她的教书经历，她说："我们造就了一个必须有'正确'答案的文化。其实凡事给出结论并非好事，它甚至使人思想僵化。"[4]

确实，很多问题有正误之分，但也有很多问题涉及思想、观点甚至幻想的，这类问题往往能引导学生的创造性反应，引导他们使用个性化的语言。这些问题不可能用正确或错误来划分。这类问题可以称作"坦诚的开放问题"，这个称呼来自贵格会传统。

这个传统涉及一个过程，被称作"明辨是非委员会"。当这个教派里有人需要做一个重要的决定时，他们会召集六到八人跟他待上几小时。指导思想很简单，召集会议的人被称为焦点人物或是当事人，他必须把需要决定的事情原原本本告诉大家——包括事情的背景、相关的事实、他的感受想法以及他的困扰。委员会成员坐在一起，沉默一段时间，直到有人提出坦诚的开放问题，这些问题不能简单用"是"或者"不是"回答，因为这种简单回答会阻止人们做进一步的深入思考。"你跟你父母谈过这个问题吗？"这不是一个坦诚的开放问题。而"如果你和父母谈这个问题，你觉得他们会是什么样的反应？"却正是一个坦诚开放的问题，因为它鼓励当事人更全面地思考。

坦诚开放问题的另一个特征是提问的人不知道被问的人会有什么样的反应。"这件事情跟你早些时候的经历有关系吗？"这个问题既坦率又开放。还有一种问题既没有逻辑性，也令人意外，如"你的困境是啥颜色的？"坦诚开放的问题不是基于各自的假设，也无意引导当事人。"我听得出你的怒气，这和困扰你的事情有什么联系？"假如当事人很生气，这个问题就可以引导他深入地分析自己生气的原因。"你在告诉我们这些的时候，是什么样的感受？"这也是一个坦诚开放的问题。

如果觉得会话的环境安全，每个人都感受到尊重，提问的人和当事人都会有一定的收获。常常有委员会成员说，向当事人提的问题，往往也触及我们自己的生活，或者当事人的回答有时帮助我们解决了一些自己的问题。

你可能永远都没有机会参加这种明辨是非委员会，也没有可能作为一个当事人召集这么一个委员会。但我们可以学学他们如何更好地问一些问题，使我们的学生能更好地发挥自己的内在智慧。不过，坦诚开放的问题并不适合所有的学生，青少年往往会用简单的回答敷衍你提出的问题。如果你问他："在学校里做了什么？"他往往回答："没什么。""你的新老师如何啊？""还行。"

学生们愿意回答的开放式问题一般是关于他们想象的。就写作方面的问题来说，你可以建议学生把自己想象为小说里的一个人物，某个著名科学家实验室里的观察员，或一个艺术家工作室的助理，让他们描写一下他们的所见所闻和所感。还可以让学生从某篇诗歌里挑一句他们觉得非常给力的句子，让他们说说为什么觉得这句诗特别给力。这也是鼓励激发学生使用个人语言，发挥他们创造力的方法。

　　激发想象的问题一般都是坦诚开放的。 如："想象下面会发生什么？""想象一下，如果你是历史上某个特定人物的兄弟或姐妹。""如果你的实验一而再再而三地失败，你是什么感受？"

　　教育上经常用到坦诚开放式问题的场合还有在与学生的个别谈话以及家长会上。 除了告诉学生或家长你所看到的学生的行为、能力、优缺点，提一些没有预设答案的问题，听听他们的回答也是很好的，"这种回避困难的倾向说明了什么？"对这种问题的回答可以帮助解释你所看到的行为。

　　年轻人，其实也包括成年人，有时可能会觉得坦诚开放式的问题有点触及他们的隐私，他们可能还不适应个人语言的使用，或是对你还没有足够的信任来回答你的问题。 如果你期待与他们对话，这种不怎么合作的反应有点令人沮丧。 不过你得记住，要进行这种交流，不论是你还是你的谈话对象，都有可能要做出一些改变，但并不是每个人都心甘情愿开放自己的心灵，接受改变的。

　　我们在反思给学生提问的同时，也应该想想如何鼓励学生问问题，想想我们该如何尊重学生的提问，并做出及时答复。 我记得大学时的一个物理老师，她上课总是时不时停下来，问大家有没有问题。 但她的停顿不超过十秒，便很快说"好吧，我们继续。"记得我当时心里想，我根本没听懂，提不出问题。 我唯一想说的是："您能慢点儿吗？"

如果我们太快结束提问环节，或是太快回答学生的提问，都很有可能是因为我们没有仔细倾听学生的提问，也没把他们的问题太当回事儿。 我们应当给学生足够的时间，让他们把问题表达清楚，这样也好使我们明白学生到底是要问什么。 记得我九岁时，一天我问妈妈，主日学校里学的东西是不是都是真的。 她先问我听别人是怎么说的，然后才问我："有人认为是真的，有人不这么认为。 你得自己拿主意。"我对她的回答并不满意，我想要一个"是"或"不是"的答案。 不过现在回头看看，我觉得我妈妈不是在逃避我的问题，她想让我知道，有些问题并没有单纯的对错之分，我得通过自己的思考和理解寻找答案。

学会存疑

关于生活的各种难题，我们都希望找到答案。 许多时候，我们希望快速找到一个准确答案。 作为老师，我们也愿意为学生提供现成的答案，而不是帮助学生明白这个道理，即有的问题是没有绝对答案的。 我们不应该急于给学生答案，而要鼓励他们自己去努力寻找答案。

我的一个同事收到一封学生的来信，他曾是这位学生心灵旅程的导师。 在信里，她非常感谢得到机会通过自己的探寻找到精神的家园，而不是简单地得到现成的答案。

如果我仅仅满足于暂时的答案，心安理得接受这种思想那种学说，宣称自己找到了生命的真谛，避免了寻找真理的痛苦和焦虑，可以想象我的生命将是怎样的狭窄。"我从来没有遇见过像你一样的老师，鼓励我发问，尤其关于禅宗和教会的定义。 是你给了我发问的勇气。"从某种意义上说，这是我收到的最好的礼物。

这位女学员的经历恰好证明了著名诗人莱纳·玛利亚·里尔克（Rainer Maria Rilke）给青年诗人的著名建议："对你心中的疑惑要有耐心，要学会热爱问题本身，学会存疑，渐渐地不知不觉中，有一天你会自然而然得到答案。"⁵

审视内心，发掘潜能

1.在你的教学中,你体会过个人语言的力量吗?

2.当你和别人陷入辩论时,你是怎样的感觉? 你喜欢这种挑战吗? 你想逃避吗? 你为什么会是这种反应?

3.你什么时候能把一场会话变成一场辩论? 你喜欢辩论吗?

4.一个同事这样说他的一个朋友："他听我说话时,我知道他在认真听我。"你有过这种认真倾听别人的经历吗? 这种认真倾听的结果是什么?

5.在你的教学中,坦诚开放式的问题在任何情形下都有效吗?

第五章　舍得放手才有真正的威信

我在学生面前的威信源自我对学生的信任。

——史蒂夫·利普罗格尔(Steve Replogle)

年轻人天生就爱挑战权威

——正是通过对学生，对自己的认真审视，史蒂夫树立起了个人的威信。

史蒂夫非常清楚，在课堂上老师的权威并不仅仅源自老师这个身份。 在刚开始当老师的时候，史蒂夫以为控制好学生们的行为规范很容易，仿佛只要是老师就能管理好学生。 但很快他发现并非如此。"威信其实应该是由内而发的，"他对我说，"首先我需要知道自己是谁，然后在学生面前做那个真实的自己。"

史蒂夫相信，他在学生面前之所以有威信是因为他是一个和学生关系良好的好老师。 学生们知道他热爱自己教授的学科，在讲课时倾注了心血。 史蒂夫总能保守承诺，所以学生们就知道他是诚信的，虽然他们也为此考验过他。"年轻人天生就爱挑战权威，"史蒂夫笑着说，"我认为这很正常。 人人都说'相信我吧'，但却并不一定表现得可以被信任。 孩子们有理由审视我的行为而不是简单地相信我的话。 这样，他们才可以清楚我是否可以被信任。"

史蒂夫的日常工作很有规律，对他而言，那就好像是日复一日的修炼一样。 每天在孩子们到校之前，他就会先到学校做准备。 不仅仅为上课做准备，比如预订一些需要的材料，他也为自己的心灵做准备。 他喜欢想象每一个即将走进这间教室的学生的样子，并且满怀好奇和希望地欢迎他们到来。 当学生们从门口冲进来的时候，他就在那里欢迎他们，开始一天生动的，令人兴奋的，有时也是让人疲倦的教和学。

晚上在家里，史蒂夫则花时间回想白天的事情。 不仅仅回想孩子们，回想他们的行为态度，他也回想自己的一言一行。 他清晰地记得全班一起大笑不止的场景。 他感觉实验课进行得不错，然后他细细回味孩子们在写作中展现的创作才能。 史蒂夫也注意到自己在一些时候不够耐心，或者忽略了某个需要关注的孩子，自己在倾听他们的时候注意力不够集中。 这样做，不是要批评自己，史蒂夫只是想要了解在那天自己表现如何。 然后他会把这些信息带到祈祷中，放下那些让人失望沮丧的部分，积蓄好力量迎接新一天的到来。正是通过对学生、对自己的认真审视，史蒂夫树立起了个人的威信。

史蒂夫的方法或许并不适合每个人。 所谓教学的艺术其实就包括找到个人的方式去关注学生，关注自己。 一些老师在上课之前散散步，让自己沉浸在自然中，思考即将开始的一天。 另一些人则利用上班路途的时间做计划，利用下班路途的时间反思。 无论你在教室教学还是在其他某种没有学生参与的场景中教学，我都鼓励你们通过某种方法为即将开始的教学活动准备自己，那会自然而然地帮助你们树立起威信。

辨别威信和权威

尽管我们通常都将威信视为某种权威，但是我还是认为在我们的文化中，对于这两个词汇的感受是不一样的。 如果史蒂夫说他在课堂上拥有的是权威，你是否会因为他的用词改变而感觉不同呢？这种不同可能因为我们习惯性地将权威与统治联系在一起，从统治层面来说，有权的人总是高高凌驾于其他人之上。 在某种极端情况下，那些底层的人更是无任何权力可言。 老师们可能以为教师这个角色本身赋予了他们权力去掌控学生们。 但是，如果我们怀着这样的想法走进教室，真相只会让我们震惊。 很快我们就会意识到，无论你以为自己拥有多大的权力，有的时候依然无法完全掌控。

我记得教我们四年级的老师，她总是试图控制我们。 但是她越是命令我们，要求我们甚至威胁惩罚我们，我们却变得越来越糟糕。我想那个时候我们一定觉得她做的一切都是在剥夺我们的权力，所以我们绝不让她得逞。 最后对于所有人来说，那一年都是噩梦。

到了下一学年，拉斯特太太成为我们五年级的老师，她在和我们见面时，语气坚定地说："我听说你们并不是很乖哟！ 所以现在我希望你们知道，在我的课堂上，你们以前那样的表现是不会被允许的。"说到这儿，她停顿了一会儿，直直地看着我们的眼睛，然后说："现在，我们开始正式学习。"一切尽在掌握！真是让人松了一口气啊！和老师们一样，其实学生们也不喜欢一个失控的课堂。但是一旦老师和学生相互较起劲儿来，往往谁都不知道该如何才能摆脱出来。一旦开始，那就会是一场持久的战斗。

拉斯特太太之所以能树立起她的威信，是因为她没有表现出要控制我们，而只是要建立起一个彼此尊重，彼此爱护，有助于学习的环境。灵修作者亨利·卢云曾经写过："富有同情心的威严能激发、鼓励，并挖掘出潜在的才能，促成一些伟大事情的发生。"[1]拉斯特太太就是这样一个威严但又富有同情心的人。她对人坦诚，对我们高标准要求，同时也具有幽默感，引导我们在行为和学业上都有了进步。她成功地改变了我们这群无组织无纪律的学生，顺利带领我们进入到六年级！因为这位了不起的女性，我们这一年都感觉很幸福。

分担教与学的责任

——青少年时期从来都是一段混乱的时期，综合着负责和不负责的行为。

在拉斯特太太的课堂，她通过尊重和信任指导我们，我们也开始越来越多地承担起学习的责任。这也是史蒂夫理解的教师的威信，他认为老师应该鼓励学生在课堂上承担起教与学的责任。 我们在第一章中介绍史蒂夫在才开始当老师的时候，采用的也是以老师为中心的教学模式，但是很快便改变成为他所谓的"逐步下放责任"的模式。 放手信任学生才能实现责任分担。

做事情的时候有明确的目的，或者对事情的结果有所期盼，人们才会表现出有责任心。 一个有责任心的学生会为了要学好某个课题主动探索方法，努力坚持直至完成。 有的时候，当学生们提出一个新的提议，或者要求改变既定的教学模式时，也是一种承担责任的表现。 一名研究生可能建议把座位排成环形，以便于互动学习。一位员工可能要求把会议挪到中午，而不是下班以后。 一个小孩子可能从辅导员手里接过粉笔，说："我要自己做。"

表现出个人意愿，愿意独立思考就是在承担责任。 想象一下，有这样一群人，其中一些是独立的，能担当责任的人，另一些是未独立，具有依赖性的人。 没有人会期盼婴儿能承担责任，但是随着婴儿慢慢长大，逐渐变得自立，就会被要求承担相应的责任。 人都是这样一步步远离那个不能自立、处处依赖别人的人而成为一个独立、有所担当的人。 在家里，父母会要求他们的孩子收拾好自己的玩具，允许他们选择自己喜欢的衣服。 多数孩子还会被要求做家务，帮忙收拾整理。

当孩子们到了学前班，幼儿园，他们就要承担起更大的责任。他们明白要准时到校，可能还有家庭作业需要完成。有的孩子还要负责照顾小一点的弟弟妹妹。老师和父母从孩子所承担责任的不同就可以看出他们的成长。

到了青少年时期，他们将拥有更多的独立空间，相应地也有更多的责任。但对于青少年来说，他们往往选择性地承担责任，有的责任承担了，有的并没有。他们可能为了留在某个自己喜欢的运动队而表现得很有责任感，但是却没有责任心去完成学科作业。他们可能会将自己的出行安排得很好——是坐公交车还是走路去朋友家，是搭同学的车还是自己开车。但是他们却有可能忘记让父母知道自己去了哪里，他们可能在外待得太晚，忘记回家的时间，他们还可能偷偷去看限制级的电影。青少年可能会胡乱应付他们应该承担的责任，试探大人们的底线，看看如果他们不承担责任会有什么后果。青少年时期从来都是一段混乱的时期，综合着负责任和不负责任的行为。

随着年龄更大些，我们承担的责任也就更大，比如我们需要找工作、结婚、租房子或者买房子。我们在为自己的生活负责任的同时，某种程度上也开始承担照顾他人的责任。我们可能需要养育孩子，同时也需要照顾年迈的父母以及某个兄弟姐妹或者某个有需要的亲戚。在这个阶段，好像有永无止境的责任压在我们肩头。

　　我们在从不独立到独立的成长中不是孤立无援的，这段旅程也不是单行线。 我们周围有家庭、有学校、有单位、有社会。 在这个过程中，我们会经历冲突、逆流、困难、失望，会做出错误的选择，也会有没坚持下去的梦想。 但我相信在我们的成长过程中，那些扮演独立成熟者角色的人，比如我们的父母、老师、上级、领导，会不断鼓励并帮助我们成为成熟独立的人，当我们负担起更多责任时，他们也一定会肯定并赞扬我们的成长。

　　然而，当已经独立的和尚未独立的人在一起生活时，他们会面临一个问题，那就是，如果每个人都只固守自己的角色寸步不让，那在生活中就很难达成和谐。 为了生活得和谐，在家庭、学校或者其他某些单位，扮演独立成熟者角色的那部分人需要懂得放手。 试想，如果老师或者学校的领导者永远都紧紧拽住手中的权力，在教学过程中永远处于主控地位，那么学生哪里还有成长的空间！ 他们只会习惯等着别人来安排。 但如果老师们愿意放开一些掌控，学生们才可以真正成长，才有机会和老师们分担责任，形成一种相互依赖的和谐氛围。 这种一退一进的成长方式就是史蒂夫（Steve）指出的"逐步下放责任"的教学模式。

　　在教室、单位或者家里，责任分担最大的挑战在于老师、领导和父母，他们必须愿意改变他们的行为模式。 如果他们不试着放下一部分责任，年轻人就永远无责任可以分担。

放手让学生选择

　　——就算真的到了无路可走的地步,我们还是可以选择在那种情况下如何做自己。

　　——从生活中的一些小事到大事,慢慢让孩子们自己做主并承担后果,其实就是承认他们也有尊严和威信。……青年人从一开始的不自信慢慢找到对自我的肯定。

　　每次听到有学生为自己不负责任的行为辩解时,中学老师格雷格·西蒙斯(Greg Simmons)就会感到厌倦,学生们总说“是别人让我做的”“那不是我的错”“我只是按要求做”或者“我没有选择”。格雷格同意存在主义心理学派创始人维克托·弗兰克尔(Viktor Frankl)的观点,在维克托撰写的《人类对于意义的寻找》(*Man's Search for Meaning*)一书中,他告诉人们选择总是有的。 就算真的到了无路可走的地步,我们还是可以选择在那种情况下如何做自己。[2]

　　为了让学生们明白这样一种相对比较抽象的概念,格雷格设计了一个角色扮演的活动,帮助学生们明白在任何情况下,他们都可以选择要做什么,怎么做。 他告诉我:“一开始,我会给他们展现一个非常简单普通的情景,比如在考试中有学生抄袭答案。 然后,我会提问班上的同学，要他们尽可能想象对于这种情况负责任的做法有哪些。"他列举出一些答案，比如，"告诉老师""挡住自己的试卷""直接提醒作弊的同学""故意写错误的答案让他抄""直接让他抄"，还有"什么都不做"。

在学生们给答案的时候，格雷格不做任何评价，只是简单地记下所有的回答。这一步的目的只是要收集尽可能多的答案。之后，班上的学生可以一起讨论刚才那些不同的回应方式可能引发的后果。学生们会习惯性地从这众多的回答中选出"正确"答案。

有时候，学生们会发现某个特殊的因素对整个事情有很大的影响，这就会引起他们的困惑，比如那个作弊者是自己最好的好朋友，或者他是一个很强势的学生，又或者自己也曾经抄袭过朋友的试卷。学生们还可能意识到一个选择会引发更多的选择。比如，如果他们选择提醒作弊的同学，那是要在考试过程中吹声口哨提醒，还是考试之后再说，或者就直接大声地叫出来："不要看我的卷子，你这个讨厌的骗子。"

几乎每个星期，格雷格都会安排一次这样的角色扮演活动。随着时间的流逝，他会呈现越来越多的富有挑战性的情景。他发现学生们越来越擅长思考选项，越来越懂得分析后果。他鼓励学生在生活中的其他情况下也要勇敢面对自己的选择，他要学生们谨记不管感觉多么糟糕，选择总是有的。

格雷格列举了两个事例，告诉我们角色扮演活动如何帮助学生的日常生活。一次，一个学生和他大吵了一架，学生大声对他叫喊说："我又没有选择要到你的班上。"格雷格也冲着学生叫喊说："我也没有选你做我的学生。"然后他们相互瞪着彼此，最后格雷格打破僵局，说："现在我们俩卡这儿了，那要怎么办呢？"另外一次是在其他班发生了一些事情，格雷格听到一个学生对他的朋友抱怨说："有那么多方法可以选，可是该死的，你想都不想一下！"

有时候，太多的选择也会让学生感到迷惑。最好先从 1 或 2 的选择开始，比如，"在假期，你想要读书还是打绳球呢？""你想和团队工作还是自己一个人做呢？"当学生们比较适应二选一之后，可以给他们提供更多选项，但是仍然要加以限制。"关于期末报告，你可以写一份研究论文或者一个小故事，也可以准备一段视频或者其他什么方式，只要能够让我了解你在这学期的所学就行。"如果我们不提供任何选项，比如我们问："今天你想做什么？"我相信，那不是分担责任，而是逃避责任。

多数情况下，在一定限制条件中选择是明智的。当我的一个小继子保罗（Paul）在高中二年级准备申请大学时，因为有太多选择而不知所措。他只是明确知道自己非常想要去西海岸读书，希望大学够大、多元化，和他就读的这个内陆城市的高中差不多就可以，除此之外，他也没有更多的想法了。

我和他爸爸决定帮他缩小选择范围，我们列出他够资格申请的，以及我们感觉质量还可以的所有大学。然后吉姆和各个大学预约好，带着保罗从南加州一路向北挨着个考察。

保罗的感悟力很好，我们相信当他看到那些学校以后就会知道他想要上哪一所。 一连考察了四所大学都没有遇到让保罗感兴趣的，然后他们来到另一所，虽然只有一会儿，但保罗说："我就选这儿。"他是如此肯定，于是他们取消了所有其他学校的预约直接飞回家。 那个选择正确吗？ 很难讲，但那是一个好的选择，因为那是他自己的选择。

当我们为孩子、学生和职工提供选择的时候，我们需要确保自己能尊重他们的选择。 让别人选却又不尊重他们的选择，会降低他们对我们，以及对他们自己的信心。 如果我们想要要求别人做什么，最好明确地告诉他们。 这样别人至少还可以选择如何回应我们的要求。

从生活中的一些小事到大事，慢慢让孩子们自己做主并承担后果，其实就是承认他们的尊严和威信。 这不是说要我们放弃自己的尊严和威信，只是孩子们需要知道他们也是被尊重和信任的。 在指导帮助下青年人从一开始不自信到慢慢找到对自我的肯定。 成年人也是如此，成年人的生活中也充满着各种选择，而每一次选择都促进我们不断成长。 作为老师，我们有可能并不喜欢自己教授的科目，不满意班额太大，感觉和隔壁办公室的同事才更投缘，这些问题让我们对目前所处的教学环境产生不满，想要改变。 但是一考虑到学校领导、学生人数或者薪水这些条件，我们感觉自己拥有的其他选择也不多。 每个人都不得不面对某些失望，不得不做出某些选择。 但要相信对于如何生活，我们会比自己想象的做得好。

重新定义权力

在这一章开始的时候，我描述过一种等级式的权力体系，有权的人高高在上，无权的人沦落底层。 在那样的体系中，权力是集中的，不具有延伸拓展性。 想象一下，在等级式的权力体系中，权力呈现为一份一份的，而在学校、教室、公司、家庭等不同环境中，有固定的权力份额大约一百份。 谁拥有的份额多，谁就是掌权人。 那如果我是那个拥有份额最多的人，我就会想要牢牢守住已经拥有的。 而如果我拥有的刚好只有 51 份，就会感觉紧张，除了尽可能保护好已经拥有的，还会伺机从别人那里得到更多的权力份额。

我还需要做一件事，那就是，确保那些拥有少数权力份额的人不会集结在一起。 如果他们集结起来，我的权力就会受到威胁。 所以，我会尽力分隔离间他们，防止他们团结在一起。 还有一种策略就是并吞团体中那些势单力薄者的权力份额，以增强自己的势力。我获得的权力份额越多就越渴望捍卫它们。 我会让自己高高在上，让人难以亲近，避免与人交往过甚才能牢牢掌控重要的信息。

但如果权力不是这样集中的，而是开放的呢？ 如果权力就好像是爱，你给得越多就得到得越多呢？ 在这种开放式权力体系中，权力不是一份一份独立的，而是在整个体系中传递流通着的，每个人都可能拥有这样或那样的权力。 权力不会仅仅集结在高层而会四处游走流动，通过每个人传递，使得大家相互交织成为一张大网。 这样就没有必要窃取别人的权力，也没有必要死死守住自己拥有的权力，因为权力总是流动着的。

凯文·杰克逊（Kevin Jackson）就有幸在这样一所拥有开放式权力体系的学校任教。 在他工作第一个星期后，他发现这个学校的领导将自己定义为全校各个部门间的联络员。 无论是课程安排不合理，还是教学方法有问题，或者是评估程序不对，都可以找他。

后来，凯文认识了更多年级里的其他同事，工作时大家彼此之间的通力合作以及无限的创造力都让凯文感觉神奇。 他被邀请到其他老师的课堂里观摩学习，然后和大家分享自己的想法。 学校的领导大部分时间都在学校，参与部门会议或是进到教室听课，不是为了评估，而是提供指导和鼓励。

当校长召集大一点的员工会议时，并不是为了发布什么消息，她认为那样做是浪费时间，消息可以以电子形式发布，教员们密切留意各种公告就够了。 在留意公告的同时，还可以及时上传在教室和各个部门发生的事情，这样，交流也就成为双向的。 如果校长认为真的有必要召集全校大会，那一定是为了交流看法、制定目标、鼓励先进、讨论问题，增进教师间的相互沟通。

凯文说这种从校长开始的权力下放以及被信任的感受延伸到他

的课堂。　因为他感受到被给予足够的尊重，所以也同样地去尊重学生。　校园里的每个人都充满一种积极创造的活力。

　　很快几年过去，学校的领导调走了，换了新的领导。　几个月以后整个校园的氛围就变了。　新的管理者大多数时候都待在她的办公室里，大门紧闭，门外还有秘书。　她告诉老师们年级会议取消，取而代之将定期召开全员会议，会议旨在通报各样信息——完全是自上而下的传达，还设置特殊的奖项鼓励老师们相互竞争。

　　凯文说这就好比一个气球被戳破了，那些让它飞起来的气体都散开了。　教员间的合作关系瓦解了，之前的那种相互信任和尊重没有了。　老师们的积极性受到打击，课堂也就不再像以前那样生动，富有创造力。"一切都是那么无趣，"凯文说，"上班不再是件开心愉快的事情了。"

　　不是每一间教室、每一所学校或者其他什么公司单位都像凯文的故事那样，有一个明显的分界点。　凯文经历了一个团队从开放性权力体系管理到集中性权力体系管理的转变。　但是他不能告诉我们原先的校长是如何营造出开放性权力体系的氛围的，因为当他去的时候氛围已经形成了。

　　我想那一定经历了很长的一段时间，会有很多的误会与困惑，需要花很长时间来说服老师们，让他们相信校长是言出必行的。　因为他们中的大多数人从来都不曾体验过那种开放性权力体系的氛围。

如果只有领导者认为权力应该传递流通，不能一份一份固定集中，而下属们并不能理解领会，那这位领导者工作起来就会很困难。那些习惯被集中性的权力体系管制的学生或员工会认为她是一个软弱的领导，会认为她逃避领导责任。 那些开放流通的权力可能并没有真正被善用，反而是有可能被人滥用为谋己利，如果只有领导者自己清楚让权力得以传递流通的优势，而其他人仍然认为权力应该集中固定成为一份一份的，在这种情况下，领导者可能被迫回到集中性权力管理的模式。 因为如果大多数人紧紧抓住那些被给予的权力，把持不放，最后还联合起来导致权力集中化，那么领导者的权力就可能真的被削弱。

在教室、学校、公司或者家庭创建一个信任开放性权力体系，需要一个过程，要仔细留意环境中的每个人是否做好了准备，然后才慢慢开始下放权力，这样可能更易操作。 史蒂夫或许从来没有想过要形成什么开放式的权力体系，但是他这种一步一步、谨慎地和学生们分担责任的做法正好促使这样一个体系的形成。 通过分担权力给学生们，史蒂夫提高了自己的威信，在学生中更具有影响力。

找到自己的管理方法

　　——那一天对我而言是一个转折点，它让我重新认识内在的自我会如何影响自己在课堂上的行为。

　　正如我们每个人都有自己表达善意和尊重学生的方法，我们也可以找到自己管理班级的方式。 没有必要让自己变成在四年级任教的史蒂夫，也不要将这本书里提到的其他某个老师作为典范一样模仿。 真正的威信不是来自仿效其他人对学生的影响方式或者读一些关于班级管理的著作。 那些例子、技巧和指导的目的是为了帮助我们找到属于个人的方法，我们的威信最终不是来自别人，而是来自自己独特个性的表达。 除此之外，我们还应该根据每一届学生的不同调整自己的方法，那样并不会让我们失去自己辛苦建立起来的威信，反而会让自己的威信越来越高。 我们都知道对于某一届，或者某个班级适用的方法不一定处处适用。

　　高中语文老师彼得·贝尔告诉我，他讲课的声音都在改变，更何况他和学生的关系，除此之外，在不同的学校教书，方法也会不同。在一个学校他可能只会给学生们很有限的选择，而在另一所学校他会鼓励学生们做更多的选择，承担更多的责任。 因为对象和需求总是在不断变化，他不得不时常更新自己的方式。

他告诉我说："我发现保持威信的唯一方法就是时时警醒，在某个特定的环境中留意什么是真正需要的，从犯过的错误中学习。"接着他描述一次糟糕的经历，有一天，他发觉学生们利用了他的宽容，不负责任的表现越演越烈，他沮丧到了极点。"我失控了，"他坦白说，"我对着学生们大吼大叫，说他们是多么糟糕。我还说他们这样的所作所为会如何毁了他们的前途。我甚至告诉他们我准备好放弃他们了。说完我就离开了教室，狠狠关上门。"

彼得待在门外的走廊里，试着稳定自己的情绪。学生们确实被他的震怒吓住了，但他并不希望通过大声吼叫和责骂让学生们遵守规矩。他发现在他愤怒的背后其实是深深的失望，对于学生们不愿承担学习责任的失望。这或许说明他需要放弃之前的教育方式，寻找另外的方式教会学生们如何承担责任。所以，他深吸一口气之后，开门回到教室，为自己的行为向学生们道歉，告诉他们那也不是他真正想做的，而且努力保证不让同样的事情再次发生。

他说："我认为让学生们看到老师也是人，也会沮丧，也会忍不住发脾气，并不是什么坏事。我也认为如果在不伤害他人的情况下发了脾气，但能及时道歉，也可以让学生们意识到其实每个人都需要学习控制自己的脾气。从很多方面来说，那都是糟糕的一天，但是我们还是走过来了。我常想学生们会不会像我一样清楚地记得那天的事情。但那一天对我而言是一个转折点，它让我重新认识到内在的自我会如何影响自己在课堂上的行为。"

审视内心，发掘潜能

1.你曾经如何与整个班级或者和某个学生分担责任？进行得如何？出现了什么样的问题？

2.对于我们提到的两种权力体系,在你的内心和脑海里会形成什么样的图像？你会从这些图像中获得什么启示？这些启示对于树立个人的威信有何帮助？

3.描述一下在教室或者在你工作的地方,在运动场上或者其他某个由你担任指导的场所,你是如何树立威信的？从事教学工作以来,你的威信是如何形成的？

第六章　审视我们的内心世界：认识、接纳和改变我们的缺点

> 当我看着静默后画的画像时，发现自己其实活在别人的期望中。
>
> ——伊丽莎白·琼斯(Elizabeth Jones)

在伊丽莎白·琼斯任教的中学有一个心理指导小组，这个小组旨在帮助参与者做内在的自我反省，找到每个人自我内心隐藏的阴影面，因为正是这些埋藏于心的阴影阻止他们成为自己理想中的老师。 这个小组有十八个人，他们一起组成一个小团队，一起聆听指导，静默分享，各自记录下在这段时间自己的心路历程，他们有时也彼此帮助，小组中还安排有音乐、运动以及艺术等方面的内容。 尽管通常我们认为内心反省多为个人行为，但是小组的参与者都发现在这样一段探索旅途中有一个值得信赖的陪伴其实更加珍贵。

在小组活动时，导师让每个参与者在房间里找个舒服的位置坐下，旁边放着绘画需要的东西。 然后要求他们闭上眼睛，调整呼吸。 过了一会儿，导师要求大家留意自己的身体感受，无论感受到什么都自然地接受它。 休息一会儿后，导师又用同样的方式引导大家再次感受，同样地，无论有什么样的感受，都自然地接受。

"现在将身体的感受，心里的感受还有思想的感受都放下，放到一边，"导师说，"这样，你会发现在你们的内心中空出一大块来，想象一下，那个地方现在完全由你掌控。 仔细观察那个地方是什么样子的，是在某个特定的建筑或者房间里面吗，是一个开放的空间还是一个随时变换的场景呢。 观察好了就可以开始在那里摆放上别人对你的各种要求。 这些要求或者期望可以是图像、话语或者只是某种感觉。 然后体会一下，当这么多期望充满你的领地时，你的感受是什么。 最后再想象一种场景，那就是为了满足所有这些要求你正努力地辛勤劳作。"

　　导师要求参与者慢慢地仔细观察自己想象中的场景。全部观察好了以后才收回心神，用铅笔把刚刚看到的场景中的自己画出来。当大家都低头作画时，整个房间很安静，有一种创作的氛围。参与者们画出的图画可能正是他们对于自己的重新认识，而这可能会影响他们在未来的管理和教学。

　　根据想象场景中的自己，伊丽莎白画出了一位女性，脸上空虚无表情，八只细长的手臂朝不同的方向伸出去，手掌都打开着，看起来就像是飘浮在空中一样。伊丽莎白发现画中的自己感觉很不踏实，脸上的表情缺乏生气，毫无精神。对于那许多的手臂和张开的手掌，她觉得表示自己总是向外寻找着什么，期望获得指引和认同。当她把画拿给同伴看时，她的同伴问她是否有想过张开的手也有可能表示她总是牺牲自我，以满足他人的期望。

　　对于画像以及同伴的解读，伊丽莎白的第一反应是感觉难过。当我们转而注视自己内心的时候，感觉难过并不奇怪，因为我们经常会发现，自己过得其实不如自己以为的那么好。伊丽莎白本来认为自己过得很稳定，所做的决定和采取的行动也是遵循自己的内心。然而这个新的画像告诉她，事实或许并非如此。她感到迷惑，不知道真相是什么。

接纳我们的缺点

——想要改变什么就要先接受它。

——接受自己的缺点可以帮助我们获得转化，突破旧的自我，成为更真实的自己。

当我们开始发现自己身上存在某些和想象中的自己不一样的地方的时候，会感觉到伤心难过，接下来就会产生自我否定和批判。伊丽莎白明白画像反映的应该是真实的，但是她就是不喜欢，不接受。 当她和整个小组分享时，她说不想让自己活在别人的期盼中。导师的回答让她有点惊讶，导师说："如果你希望除去那张画像，你必须先喜欢上它，宽容地对待它，尊重它。"

心理学上有句非常有名的话：想要改变什么就要先接受它。 这话听起来或许矛盾，但却是事实。 以伊丽莎白的情况来说，她需要先接受画像中那个不让人喜欢的自己，然后才能有所改变。 这并不容易，因为她真的不喜欢那张毫无表情的脸，也不喜欢那许多的手臂和张开的手。 那画像让她感觉很不舒服，甚至为自己感到羞愧。

但是，当她继续分析自己的内心世界，体会自己的感受和想法的时候，伊丽莎白意识到呈现出来两个不一样的她其实都是真实的。 她的确依据内心过着稳定的生活，但同时，也努力想要满足他人的期许和要求。 当她退后一步，从一个更广泛的视野来看，她发现尽管自己目标坚定，清楚知道自身的价值，但作为老师，她也被要求去满足别人的需求。 了解学生的需求其实对她的教学是有帮助的，只是不要被那些要求所束缚。 听取别人的想法和意见是可以的，但要分辨哪些要求是合理的，可以用于改善自己的教学。 如果只是一味地固守自我，忽略周围人的想法，或许就发现不了某些新的东西，也就不能有所成长了。

无论在哪个时期，我们周围都会充斥着他人的期许。 一年级的时候，学生们希望我们能让课堂更有趣些，而父母则希望我们可以帮助他们的孩子们各科合格。 到了二年级，开始有了升学的压力，进入毕业年级时，我们除了要展现个人的教学能力，还要表现得像个学者或是作家。 在为学生提供咨询与他们谈话沟通时，我们可能还被期望能转换每一个学生，创造奇迹。 周围到处都是相互矛盾的期许！

我觉得我们都有点像伊丽莎白，有时候会为了满足别人的要求而失去自我。 但如果我们能清楚认识到自己身上的这种情况，接受它作为我们真实存在的一部分，才能真正自由地选择，哪些要求需要努力满足，而哪些其实放下就好。 反之，如果不先审视自己的内心，诚实接受属于自己的每个部分，就不可能有这样的自由。 接受自己的阴影面可以帮助我们获得转化，突破旧的自我，成为更真实的自己。

审视我们的内心，让我们变得更真实

伊丽莎白参加了心理指导小组，帮助她审视内心，但这并不是帮助我们审视内在生活的唯一途径。如果我们留心并且有这样的意愿，随时随地都可以发现内在自我的痕迹。了解并尊重自身的各种感受，就可以发现某些不明显但非常有价值的信息。

山姆·马丁内斯（Sam Martinez）是一位非常有经验的五年级老师。但在新学期即将开始的时候，他感觉越来越焦虑。这不像是他，因为以往他总是兴奋地盼望着新学生的到来。马丁内斯不知道如何处理这种陌生的焦虑感。后来，在开学前几个星期的一天早上，他散步时忽然想起一位最近才退休的同事。他认为那是一位非常好的老师，学生和家长都对她赞不绝口，而自己要接手的这个班正是那位老师教过的学生，他很担心学生们会对他感到失望。这时，马丁内斯意识到自己的焦虑正是由于和那位同事比较，并且强烈地希望可以比她做得更好。

当他意识到自己焦虑的缘由时，就没有那么不知所措了。"我认为自己不是一个争强好胜的人，"他告诉我说，"但这次感觉焦虑确实是因为与人比较和竞争。"当他认识并接受自己是因为好胜而焦虑时，他知道只要找到自己有别于那位同事的能力和竞争力，就能减少这种焦虑感。他确定学生们会想念那位老师，但是他也知道自己有独特的，属于自己的优势。 他意识到好胜心其实也存在于他的个性内，但并不一定就是不好的，好胜心也可能是一种恩赐，因为有的时候正是这样的好胜心让他努力工作成为一位出色的老师。 只是这一次，好胜的一面表现得太过强大，以至于产生焦虑。 承认自己的焦虑并且找到其缘由，使得山姆可以释放自己，成为他理想的好老师。 他对我说："如果我忽略掉心里的感觉，就可能为了战胜那位老师而浪费精力，不能简单做自己了。"

当我们鼓起勇气面对复杂的自我时，想想英国生物学家汤姆斯·赫胥黎（Thomas Huxley）所说的："坐下来像孩子一样看待万物，准备好放弃既定的思维模式，顺其自然，去它要你去的地方，做它要你做的事情，不然你可能会一无所获。"[1] 当伊丽莎白和山姆遵循这个原则应对自己的阴影面时，他们增进了对自己的认识。 起初他们都拒绝自己的某些感受，犹豫要不要接受自己这样的一面。 但很快，他们意识到如果只是因为不喜欢而忽略那些在自己身上确实存在的行为和态度，可能是在抹杀自我，反而不能让自己成为那个想要成为的人。

教师的普遍缺点

作为老师，我们有必要定期审视内在自我，以便认识到自己内心中隐藏着的某些负面的想法和情绪。 勇敢面对它们，发现其中缘由，帮助自己真正成长。 家庭背景、过往经历、年龄、生活环境以及其他许多因素综合在一起形成我们每个人独特的生命故事，其中有的故事可能带着某些负面影响。 每个人的问题都不同，但也有一些问题是共有的，下面这些就是在大多数老师身上都有的问题，它们阻挠我们全心投入教学，使之成为一门神圣的艺术。

苛求完美

——好在《圣经》中使用的其实是"成全"二字，它们并不令人害怕，至少不像被解读的那么恐怖。

"零瑕疵"通常被用来解释完美。 虽然大多数的生活其实是不完美的，但对于完美的渴求总是诱惑着我们。 一位渴求完美的老师害怕犯错误，所以不愿意尝试新的教学方法，不愿思考用什么方法可以帮助学生更有创造力，也不会因为某个突发奇想而临时改变精心做好的教学设计。 这种老师希望自己的一言一行都不会出状况，他们对于完美的苛求产生出一种消极心态，反而让人变得不真实。

但是，如果我们只将完美定义为"出色"，那就会产生一种动力，鼓励我们竭尽全力做得最好，于是我们会努力寻找方法改进课堂教学，改善我们和学生的关系，体谅自己也会有犯错误的时候。我发现人一开始大多只是努力想成为优秀的，但一不小心就会落进苛求无瑕疵的陷阱。 关注内在自我可以帮助警惕这样的情况发生。

对于完美的迷恋可能源于基督《圣经》。 无论有无信仰,这本书对整个西方世界的思想和行为都有着巨大的影响。 在《玛窦福音》中,有这样一段话:"你们应当是成全的,如同你们的天父是成全的一样。"(《玛窦福音》5:48)换句话说,就是不能失败或者有瑕疵。 多么高的要求呀!

凯瑟琳·诺瑞诗(Kathleen Norris)既是一位神学家也是一名诗人,她指出这段文字对于西方世界的文化有着如何深远的影响。"完美主义是当代美国文化一个显著的特征,也是我知道的最让人害怕的词汇。"[2]追求完美其实是不断尝试去实现一个只存在于想象中的、遥不可及的目标。 因为目标永远不可能达成,人的内心会产生焦虑,从而阻挠了自身情感和精神的成长。[3]

诺瑞诗接着说:"好在《圣经》中使用的其实是'成全'二字,它们并不令人害怕,至少不像被解读的那么恐怖。"[4]诺瑞诗的意思是,这个词更准确的解释其实不是要我们追求完美,而是要我们成为完善的,真正成熟的人。 换句话说,就是要我们成为真实的自己。

要放弃对完美的苛求,首先我们必须承认自己是追求完美的,承认这一点并不容易。 我们经常批评别人说:"她就是这么个完美主义者。"但如果将目光转向自己,我们同样会发现在自己的内心深处其实也隐藏着对于完美的渴望。 我们要认识并接受这样的渴望,发挥它积极的一面,认真对待每件事,充分发挥个人能力,不断学习进步。 以这样的心态教学，结果一定远好于那种只求不犯错误的照本宣科。

苛求完美不仅仅会伤害我们自己，也会让学生们感觉难受。 有一些情况要求学生们做到准确无误，比如用药、配平化学反应式，或者设计建筑。 但是大部分的学习更多的只是要求学生们投入而非精准无错误。

詹妮弗·弗雷德曼（Jennifer Friedman）是我带的心理指导高级班的学生，她也是世界和平舞蹈学院（Dances of Universal Peace）的老师。 她主动提出要让班上的同学们感受一下如何用舞蹈来做祈祷。 当她要求大家跳起来的时候，许多同学表现得踌躇不安，肢体僵硬，他们大多在心里想着以前曾经有过的某些关于跳舞的尴尬经历。 但大家都真心想要参与体验，所以在最后半小时，这堂课终于有了效果。

在发现大家放不开的时候，詹妮弗示范了几个简单的舞步，一再强调跳得对不对不是关键，关键的是要有学习探索的态度以及为和平而舞蹈的意愿。 后来我们玩得很开心！ 边跳边笑，彻底放松下来，感觉到来自身体的快乐。 当詹妮弗配上音乐时，有些人还开始唱起来。

在之后的讨论中，我问学员们为什么大家都学得那么快。 他们回答说，"詹妮弗很放松"，"很明显，她知道要做什么"，"她不在乎我们犯错误"，"她很有趣"，也有人说"她不在乎我们是不是跳得完美"。 这个时候我接过话题说："想象一下，如果詹妮弗努力纠正我们的舞步，如果这堂课的目标是要跳得完美，那最后会是怎样的情形呢？"我看到他们的身体僵了一下，兴奋的表情从脸上消失。 我想他们明白了，如果做老师的只是一味要求完美，课堂将会变得多么糟糕。

我们在第一章有提到过马克，在马克学习成为一名瑜伽教练时，他总是很关注学员们的动作是否标准完美，虽然那多少有些帮助。 但慢慢地他意识到要求姿势完美其实恰好影响了动作本身应该达到的效果，完美的动作只能是一步一步达成的，从一开始就要求学员动作完美，只能让他们对自己失望，渐渐地对瑜伽失去兴趣。"我希望人们接受并享受自己目前的水平，如果想要做得更好，就应该放松，呼吸自然，保持内心平静，对练习充满热情就够了。"马克说："生命那么短暂，我们学习、练习的目的并不只是追求结果的完美。"

苛求完美的另一种表现就是强迫自己在所在的领域成为专家。虽然成为专家本身并没有问题。 记得在第三章开头，我们引用了彼得·施耐德的话，乍听起来有些矛盾但其实很有道理，他说："我在自己的领域算得上是专家，但在工作时我要做个初学者。"彼得的观点类似于日本曹洞宗系（Soto Zen）禅僧铃木俊隆（Shunryu Suzuki）的观点，大师也曾经写道："在初学者的脑海里存在许多的可能性，而在专家的脑海里几乎没有任何可能性。"[5]彼得在他的领域是学有所成的专家，但他同时也懂得在工作中需要有初学者的心态，拥有那样的心态才能让他在工作中更自由地寻找不同的方法和可能性。矛盾的两方面需要保持平衡，否则麻烦就来了。 如果老师们只想着做专家，他们就会在教学中过分注重知识的广度和深度，而忽略了知识本身的趣味性，以及和学生之间的互动。 而如果老师们的教学永远停留在初学者水平，那他们能传授的知识可能大打折扣，不够完全。 我的朋友苏珊告诉我，她很惊讶不断有人找她当顾问。 她问别人为什么找她时，人们总是说那是因为她够专业，而且也懂得相应的传授技巧。"我从未想过自己是专家，"苏珊对我说，"但人们那样说，好像给了我一个肯定。"苏珊也尝试着自我肯定："嗯，我就是专家！"然后笑笑说："但我只是一个 12 岁的专家。"通过审视内心，苏珊和彼得一样，保持两方面的平衡——她很高兴自己保有初学者的热情，同时也充分发挥自己的天赋与才华。

担心突发状况

——无论是老师还是学生，对于意外之事充满好奇才能获得意外的收获。

你喜欢经历突发状况吗？ 如果发生意外的事情，你的心里是抗拒还是接受呢？ 在我十八岁生日时，朋友们给我办了一场惊喜派对，但我很不喜欢。 记得那天我心仪已久的男孩来约我出去，我还以为可以和他一起度过这个有着特殊意义的一天，所以非常开心。他开车来接我，然后开到另一个朋友家门口，告诉我他要放些东西在朋友家，而且可能要耽误一些时间，所以要我下车和他一起进去。当我走进房子时，二十来个人突然从隐藏的地方蹦出来，齐声对我大叫："哇！"

那天一整晚我都迷迷糊糊地搞不清楚状况。 一直想为什么不是我期盼的那种约会？ 我的生日而已，为什么每个人都那么兴奋？ 我该干些什么呢？ 那时，我只想走进一个房间，关上门大哭一场。 我的生日聚会并没有像朋友们期望的那样让我开心。 反而，那天对我来说简直就是一场噩梦。

因为一切发生得太突然，我没有参加聚会的心理准备，完全无法融入其中。 无论是晚餐聚会，外出旅游，还是开学的第一天，我都习惯提前做准备。 我会合理安排时间，仔细规划细节，同时，我也会在脑海里想象一切按照我的计划顺利执行的场景。 虽然我明白意外的情况随时可能发生，有时候不是一切尽由我掌握，就像我十八岁的生日那次一样。 但每当出现那样的情况，我就会感到困惑焦虑，不知所措，仿佛一切失去控制，我的整个生活被某些外来的力量打乱了。 我和心理医生谈起过我对于突发情况的害怕，以及在那种情况下，我如何努力想要保护自己，他暗示我说那表明我的内心并不开放而且很脆弱。

　　帕克·J.帕尔默是作家、演说家，同时也是一名社会活动家，他用不同的方式解释这种对于意外之事的抗拒。 他相信如果我们无法接受突发情况或者事件，其实是对于环境缺乏适应能力，不懂得如何从身边的事情学习。[6] 作为老师，首先需要承认自己害怕突发状况，因为面对意外之事，人不可避免地都会害怕。 但真正面对并接受意料之外的事情，及时调整自己，才能避免真正的危险。 同时，我们要宽容对待出现的意外，因为那样的事情往往会为我们开启一个全新的视野，给予我们一种全新的感受和可能性。 特拉普修道士大卫·斯坦尔德·拉斯特（David Steindl-Rast）指出："生活可能让你措手不及，也可能让你喜出望外。"[7]

　　接受突发状况并不表示要在一种不确定的氛围中生活和教学。如果一点儿秩序都没有，人们只会感觉混乱、迷茫。 如果所有事情都不按规矩来，又谈何信任与稳定？ 待在没有指示、不分界线、方向混乱的地方只会让人情绪紧张，时刻担心出状况，巴不得早点离开。 多数学生就遇到过那样的情况，他们其实更渴望教学有规划，渴望学校是一个稳定、有安全感的地方。 作为老师，我们有责任为学生们，也为我们自己营造一个那样的空间氛围。 只有在那样的环境中，即便发生什么意外也可能被接受，甚至还有可能从意外中学习。

　　大环境稳定，个人的害怕情绪才有可能得到调节，当学生们因为突发状况感觉失控时，我们需要给予他们支持，同时我们也要有能力处理学生们带给我们的意外。 老师在教学中总会遇到一些突发状况，比如一些未经大脑脱口而出的话，或者某个突发奇想的提问。但有时候教学确实需要打破常规，才能激发学生的好奇心，使其产生学习兴趣。 教我五年级的老师拉斯特太太有时会在一堂内容比较难的课程中间停下来，说："收起你们的课本，让我们先来唱首歌吧。"然后她会坐在教室里面那架旧的竖式钢琴前面，充满激情地弹起我们熟悉的歌曲。

人身上都有一些相互矛盾的特性，有时胆小有时勇敢，有时自私自利有时又大公无私，意识到这一点才可以让我们在教学中得心应手。 安娜贝拉·阮（Annabel Hue）在加利福尼亚教三年级的学生，她谈到有段时间风尘暴偶尔会吹过学校操场。 遇到那样的时候学生们就会冲到窗户前观看那样的奇观。"那很好，"她说，"对风尘暴的好奇可以促使学生们讨论学习到大量关于风和天气的知识。"但后来她才知道同时在隔壁班上课的老师却不准学生们离开座位，还拉上窗帘继续按计划上课。

无论是老师还是学生，对于意外之事充满好奇才能获得意外的收获，这样教学才能成为一门神圣的艺术。 从安娜贝拉对于风尘暴这种突发事件的处理来看，她教给学生的不仅仅是风的原理和现象，更是一颗对世界充满好奇的心。 安娜贝拉让学生们明白好奇心可以帮助我们发现并解决生活中的各样问题。 20世纪的神学家，犹太学者亚伯拉罕·约书亚·赫施尔（Abraham Joshua Heschel）将好奇心称为"人类的惊叹本能"。[8]

影射臆断

——我们需要有面镜子才能看见真实的自己。

——其实我们在判断别人的时候也是在判断我们自己，尤其是那个因为某种原因不被认可而隐藏起来的自己。

人依据内心对当下生活的一种认知就是我们通常所说的判断。这种认知大多基于我们自己在过去的经历、现在的感受以及对未来的期望。比如，在你小的时候有个专横的哥哥成天骚扰欺负你，而那时你从未正视过自己的真实感受，所以在你成人之后就会很不喜欢那些表现得专横的孩子或者成人——不仅仅是因为专横的行为本身，还可能是因为他们让你回忆起你的哥哥以及那段艰难的成长岁月。你可能将自己隐藏已久的愤怒发泄到这些人身上，因为那是你在过去一直想做却没能做的。这样的你无法客观地面对学生、同事或者是学生家长。你对他们的认识带有强烈的个人感情，过去你和兄弟姐妹的糟糕经历影响了你对他们的判断。

其实我们在判断别人的时候也是在判断我们自己，尤其是那个因为某种原因不被认可而隐藏起来的自己。只有意识到这一点我们才能开诚布公地和学生、同事以及学生家长们相处交流。一次，在我和一位学生的母亲谈话的时候，我发现自己很生她的气，所以对她言语刻薄，毫无同情之心。　只要我们在一起，我心里就会充满一些很负面的情绪，甚至害怕与她会面。　当我把这个情况和我的一位治疗师朋友谈起时，他问我这位母亲是否让我想到自己。"当然没有，"我大声为自己辩解，"那个家长依赖性很强，明明是自己的问题却总是责怪别人，或者就只是坐等别人的帮助。"

　　我有如此强烈的反应说明我睿智的朋友正好击中要害。　在反省中，我不得不承认自己曾经也有很强的依赖性，只是后来慢慢独立起来，所以不愿记起那个曾经的自己，但在我内心深处其实仍然存在那种想要依赖，渴望被照料的想法，而我现在却以此去判断评价别人。　我清楚地看到自己具有两面性，渴望依赖别人但同时也是坚强独立的。　这两部分在我身上同时存在但并不会给我带来困扰，所以没有必要非得选择哪一个，放弃哪一个。　这样的反省认识让我获得解脱，终于可以与那位学生的母亲正常交流，体察她的苦衷。　因此我们的关系改善了。

　　关于臆断，帕克·J.帕尔默有自己的研究，"作为老师，在我和学生以及他们的家长交流时，我的情绪有可能会投射到他们身上。　有的时候我感觉教室里面不安静，闹哄哄的，其实是因为我自己的内心焦躁不安。　所以，从这个角度看，我的工作就像一面镜子，照出我真实的内心世界。"[9]有的时候我们需要有面镜子才能看见真实的自己。　当彼得·贝尔因为暴怒冲出教室站在过道上时，他看见了这面镜子。　当伊丽莎白·琼斯（Elizabeth Jones）仔细观察她画的画像时，她也看见了这面镜子。 山姆·马丁内斯也有面镜子帮助他发现自己在新学年到来时变得焦虑不安是因为一份不曾察觉的好胜心。

透过这面镜子我们看到的往往都是自己的不足，自己不如人的一面，但偶尔也会帮助我们发现自己的潜能，只要回到内心认真思考反省。 我认识一位年轻神父，他嫉妒自己教的那些高中学生们总是充满活力和热情。"我好像已经失去那样的生命力了，"他悲伤地说，"我的生活也曾经精彩有趣。"这好像是在说为了成为神父进入修道院学习，放弃了以前那种好玩的生活，变成现在这般严肃呆板。 在工作中，他看见学生们这面镜子帮助他审视自己的内心，他发现做神父并不是就要生活得无趣，他仍然拥有年轻的、生气勃勃的生命。 然后他决心改变，重新找回生命的活力，变化之后这位年轻神父的教学也变得更加生动，甚至吸引以前缺课的学生重新回到课堂上。

在教学中还有另一种比较明显的臆断就是学生和同事们的恭维。 几年前我在伊利夫神学院时，一个员工对我说："你就是我们学院的支柱！"可以肯定她说这话是出于对我的一种赞赏，但是这些话却让我感觉不安。 难道学院就靠我了吗？ 我要怎么做呢？ 这种担心害怕让我意识到我们对其他人的评价具有怎样大的影响力，不仅影响某个人，有时甚至对整个部门单位也可能有影响。

肯德拉·比林斯（Kendra Billings）有一次被人莫名其妙地指责，那更是一种胡乱的臆断。 当时她正组织一个小组进行为期一周的研讨会。 突然，在一次一般性的小组互动讨论中，有人开始批评她作为领导的能力。那人情绪激动，言语刻薄。直到另一个成员站出来为肯德拉抱不平时，那人才停止指责冲出了房间。

肯德拉完全惊住了，但她还是按计划完成了当天的组织工作。就在小组活动即将结束的时候，那个人重新回到房间并道了歉。他解释说，在他冲出去之后，他到校园四周走了走，试着搞清楚自己究竟怎么了。因为他其实很少那样对人发火，即便是在压力很大的时候。然后他忽然明白，是肯德拉说的一些话让他想起他的前妻，以及他们的关系，而和前妻离婚的事一直让他耿耿于怀，所以一股难以言表的怒火在心中升腾，最后发泄到了肯德拉身上。他失声痛哭，不断向肯德拉以及小组其他成员道歉。通过内心的镜子，他才看清了自己，也真正认识了肯德拉。他意识到在离婚这件事情上，自己有必要好好地再做反省。

不管是作为老师还是作为领导，当我们面对其他人的评价判断时，应该成为避雷针一样。当我们站在讲台上或者与学生一对一交流时，学生不仅仅将我们看成老师，他们也会在我们身上投射生活中其他人的形象——他们的父母、以前的老师、电影明星以及小说中的角色。不是所有的投射都是负面的，但那多少会影响老师和学生建立真正良好的关系。对于别人怎么看我们，我们能做的真的很少，只有尽可能地做好真实的自己。这样，别人迟早可以清楚地认识我们，并对我们做出正确的判断。

　　将自己的内在情绪投射到别人身上其实是将客观事物主观化。在这个主观化的过程中，我们会错误地认为外界发生的一切都和自己相关。 如果你的同事在周末没有回复你的邮件，你可能会想她是不是生你的气了。 你可能会为此烦恼三天，然后周一的时候发现那其实是因为她的小儿子周五晚上生病了，和你一点儿关系都没有。

　　加勒特·凯泽尔既是诗人又是老师，他回忆有一次收到一名学生写的诗，形容自己在他的英语课上是多么的无聊。"我感觉受伤吗？"他说："我猜有一点儿。 但是就我长期教书的经验，那样的抱怨严格来说并非特别指向某人，只是学生中总是普遍存在的对于老师权威的不满。"[10]

凡事主观化

　　人很难彻底做到凡事客观，自我纠正，直面不足，或者完全扫清内心阴暗。 但是，经常自我反省可以帮助我们认识自己的某些负面情绪、不切实际的期盼、隐藏着的偏执或者某种不安全感，这些都会阻挠你和学生建立良好的关系，成为自己希望成为的那种好老师。请记住，在认识自我时发现这样的问题都是正常的。 碰到了就不逃避，反而要仔细感受到底自己有什么样的情绪，这样对于自己的弱点和优点都会有更清楚的认识，从而更好地认识自己。 帕克·J.帕尔默说："好的教育就是激发自我的觉醒，我们最迫切需要了解学习的就是自己。"[11]

审视内心，发掘潜能

1.跟随第 102—103 页的指导，想象一下别人的期盼对你的影响。画一幅画，看看它如何影响你成为真正的自己，然后写写它是否也带来了什么样的益处？

2.你在生活的哪些方面追求完美？对于完美的渴望如何阻挠你的教学？如果不追求完美而只是努力成为优秀的，会怎么样？你会感觉放松吗？你是否意识到自己已经拥有的能力和竞争力呢？

3.我们来检测一下你是否抗拒意外情况的发生，请双脚分开站立，膝盖放松。用手臂和上身做出一个防御性的姿势，那可能是交叉双臂放在胸前或者腹部的动作。做好这个姿势后，暗示自己："我不惊讶，不惊讶，不惊讶。"然后深呼吸，双脚稳稳地站住，站直，睁开眼睛，打开双臂，再对自己说几遍："我能接受生活中的突发情况。"描述一下这两种不同的姿势对你的情绪有何影响。这样的影响对你的教学有什么作用？

4.是否有这样一种情形，让你认同教师这份工作就像是一面镜子反映出你的内心世界？请详细描述一下在那样的情形下你有什么样的感受，有没有学习到什么？

第七章　教书就是老师的自我呈现：尊重我们自己的独特个性

罗斯玛丽(Rosemarie)帮助我认识了更真实的自己。

——文森特•哈丁(Vincent Harding)博士

　　非裔美国历史学者文森特·哈丁在上课或者演讲开始前，总会问听众这样一个问题："你妈妈的妈妈是谁？ 来自哪里？"如果在场的人不多，大家就挨个轮流分享，但如果是一场大的演讲或者展示，他就会邀请几个人来到台上和大家分享。 作为小马丁·路德·金的好朋友，文森特也是一个有经验的民权运动学者，同时他又是一位全国知名的运动组织者，一位作家和教师，所以不了解他的人一定奇怪为什么他会以这样的问题作为开场，而了解他的学生和跟随者都知道这个问题对于文森特至关重要。

　　作为单亲家庭的唯一一个孩子，文森特很珍视成长过程中来自母亲的影响。 那个他用来作为开场白的问题是为了帮助我们回忆来自母亲一方的遗传，那份遗传很大程度上成就了今日的我们。 而且，它也将决定我们未来的方向。

　　青年们喜欢称文森特为"文森特叔叔"，而大一些的人认为他是一位好老师。 他会和孩子们一起坐在地板上，了解他们的生活，仔细聆听他们的故事，通过不断提问让孩子们讲更多。 和成年人交流时，也是如此。

　　有一次我在一个大的美国浸信会教堂做关于灵性操练的演讲，在回答问题环节，听众们问了很多关于我个人的问题，我都很快做了答复。 快要结束的时候，坐在祭台旁边的文森特站起来，大声又温和地问我说："简妹妹（Sister Jane），今天晚上我了解了很多关于你的事情，都是以前不知道的，但是还有一件事情我很好奇，"他停

顿了一下，问，"能否请你告诉我，关于基督教信仰如何能像你一样
了解全面呢？"

　　他的问题很深，直达信仰的核心，所以我回答："当然可以，文
森特，但是我可能需要想一想再回答。"他站在那里，耐心地等我思
考，然后仔细听完我的回答，那些话我很少在大众面前讲。正是通
过这样的问题，文森特深入了解每个人。他的这些问题是经过深思
熟虑的，只有当一个人仔细聆听，内心对人充满爱的时候才能提得
出这样的问题。文森特的一生更多的时候是一名学者，他的教学就
是自我的一种真实呈现，所以能真正影响到别人，给人带来改变。

　　但是文森特以前并不是这么温和的。作为一名年轻的社会活动
家，他曾主张并策划过各种非暴力抵抗运动。他擅长分析形势，经
常指导人们应该怎么做，还需要做些什么，帮助他们总结在哪些方
面做得不够。但是在一次演讲结束后，他的太太罗斯玛丽对他说：
"在指导运动方面，你对人们的帮助很大，但我认为他们最需要的其
实是勇气——那种成为更好的自己的勇气。文森特，我觉得你在这
方面也可以有所作为。"[1]文森特后来说："罗斯玛丽帮助我认识了更
真实的自己。"[2]

真正的目标是成为自己

——文森特认为我们每个人最终的目标其实是要成为真正的自己。

——走向内在寻找自我的旅程有时被看成一种逃避，不符合勤奋努力的标准，但其实发现并认识自我的过程也是非常困难的。

在这本书开始的时候，我们谈到关于对于教学的渴望以及作为教师的使命感。然后在书中呈现了不同老师的故事、事例以及他们的个人反省，如果审视我们自己的内心就会发现其实我们不仅仅是老师，更是一个人，教书只是我们为人的一部分。文森特认为每个人最终的目标其实是要成为真正的自己。这个目标并不需要我们离开目前所在的地方，到某个别的地方去追寻，我们只需要审视自己的内心，接纳内在的自己，卸下自我的外在伪装就可以实现了。

作为老师，不是非要等到真正认识了自己才能去教学生。相反，我个人的经验告诉我，教学的工作恰好可以帮助我们发现真正的自己。高中英语老师加勒特·凯泽尔说："我在到学校工作之前并不知道什么是纯洁的心灵，反而是在那里工作之后我学习到了这一点。"[3]我相信对于大多数老师而言都是如此，不仅仅是纯洁的心灵，可能还有勇气、创造力、个人局限以及智慧。 回想教书以前的日子，我真的很不了解自己。 只有在开始教书以后，我仿佛获得了一面审视内心的镜子，不再自以为是，懂得从错误中学习，思考自己究竟要成为什么样的人，如果不教书我恐怕不能认识真正的自己。

在这本书中提到的所有老师身上我们都可以看到这样一个过程。 演讲教授荷莉·霍伊尔（Holly Heuer）发现承认错误并道歉可以帮助她树立起全新的威信。 高中校长克里斯汀·沃尔特斯意识到当校长之后，每天与学生和老师们接触让她内心充实。 杰西卡·耶格尔（Jessica Yeager）在家教育孩子时发现了自己对于学习的热爱。

我们周围的文化总要我们充满野心，努力向前，通过战胜他人而获得成功。 但是这并不是心灵的方式。 寻找自我是一段向内行的旅程，有时它会被看成一种逃避，不符合勤奋努力的标准，但其实认识自我的过程也是非常困难的，我们在上一章中读到的故事足以说明这一点。 自我认识来得很慢，需要不断关注自己在日常生活中的行为、感受和想法，与他人的交流或者冲突，个人的失败或成功，还包括偶尔的情感爆发，这些都能帮助我们认识自我。 教育作为一门神圣的艺术就是要帮助人们获得这样的认识，帮助他们学会由内而外地感知世界。

成为正直的、真实的人

　　——如果我们是真实的，就不可能一成不变，因为只要是人就都具有多样性、多变性。

　　对于某个人我们经常会判断他行事正直还是奸诈；为人真实还是虚假。然而，这种是与否的判断其实阻挠我们真正认识自己，获得更大的成长。在早年的教学中文森特总是充满激情，号召人们伸张正义，那时的他是真实的。而许多年之后，特别是听从爱人的话之后，文森特对自己有了一个更深的认识。他心中的激情从未改变，也依然保持着严谨敏锐的思维，以及对于信仰的执着，只是随着年龄的增长，表达方式变得柔和了。当他和学生们在一起时，他温和地鼓励他们不要仅仅做听话的好学生，更要学习忠实于自己的内心，这样，在与人交往时才能展现真实而又独特的自己。

　　我们在第二章提到过宗教学教授德纳·维尔班克斯，在他才开始教书时，严格遵循老办法：设计讲义，选择合适的阅读材料，布置思考作业，这是真实的他。但是教了几年之后他意识到这样的教学方式并不适合现在的学生，于是他找到一位同事咨询，并开始尝试其他的教学方法。有时候行为上的改变会引起内心的纠结，我们会问："我有能力做这样的改变吗？""如果失败了呢？""如果这样做不行，我又要怎么办呢？”进行外在改变的同时德纳也在内心思索反省，于是找到了更真实的自己。

在教学中呈现真实的自己并不意味着一旦认识到自己是怎样的就要在以后的教学中始终如一地保持这个形象或者状态。如果我们是真实的，就不可能一成不变，因为只要是人就具有多样性、多变性。当彼得·贝尔因为生气对学生们大声喊叫冲出教室时，他意识到自己也会失控。他一直以为在管理班级时自己能始终保持冷静，但那天沮丧的情绪完全占据了上风，学生们的违规行为让他完全失去理智，所以学生们看到的也是老师的真实反应。彼得在学生面前是真实的——有开心也有沮丧。然后他反省整个事件，和学生们真诚交谈并道歉。

当我回想自己多年的教书经历时，也发现很多类似的情景，我也是借助课堂更好地认识了自己。从教小孩子转而教大人，我的教学方式发生了变化；从教专业老师转而教祈祷与灵修操练，我的教学内容发生了变化。每一次变化都邀请我进入一个新层面探索反省，更好地认识自我。我也注意到即便我没有什么变化，学生也有可能改变，所以教学情况始终处于变化中。不断变化着的客观条件让我不断反省自己的教学动机与方式，所以不管是对于自我的认识还是对于所教授的学科的认识都在不断深化，这就让我更加清楚自己是谁。

我认为这对所有老师都一样，无论你是新老师还是教书已久。

学科、年级、学校、地区以及教学场所的变化都是我们认识自己的新机会。 几年前你是如何教书的，可能反映出那时候真实的你，以及那时候你对自己的认识。 有时候回顾以前的教学方式方法，可以看到一个真实但不一样的自己，你可能会问："那时候我都在干什么呀？"发现自我的成长是很好的，但不要做任何好与坏的评判。

回想一下克里斯汀·沃尔特斯所在的那所学校，有位老师在第一学年的秋天就辞职，像那样的情况全国各地还有很多。 外界可能严厉地批评指责那些老师，认为他们是失败者，因为辞职的行为好像只能说明他们不能胜任工作。 但是我认为辞职或许也是一种方法，帮助人们看清楚自己真正渴望的是什么，或者对于自己在未来的定位是什么。 有时候承认自己正在做的并非自己真正想做的并不容易，但只要认识到了最明智的做法就是改变，不要有任何顾虑。 我相信敢于改变也是内在自我的一种真实呈现，不算失败。

有时候自我的成长也可能会有风险，让人感觉别扭，因为那样的成长通常会迫使你改变一些熟悉的旧样子，接受某些新的东西。比如那些选择辞职的老师们，他们或许意识到教书并不是他们的使命，但什么才是呢，在那一刻或许还不明确，所以辞职就有可能像是走进了一条死胡同，曾经的梦想破灭了，一切都变得空虚不真实，但那也可能正是某种难以预料的全新未来的开始。

年少时候的你，刚刚成年的你或者五年前的你完全相同吗？ 你是不是因为对这个世界有了新的认识，建立起新的关系，而放弃了某些旧的行为习惯、某种传统的态度或者某个曾经的信仰呢？　可以想象有的时候为了适应新的责任和角色，我们不得不做出某些转变，而那些转变往往是不容易的。　有时候预定目标未能达成，不得已转而求其次，那样的时候往往会让人感觉迷茫，不知道自己真正想要的是什么。　除了外在的事情可以促使我们更新自我认识，一些内在的渴望也会让人重新审视自己。　在那样的渴望出现的时候，你会觉得自己的生活一团糟，好像缺失了什么，所以你不开心，不满足，烦躁不安。　我相信这些渴望是来自一个更真实的自己，它引导我们进入一个更深的层面，发现属于自己的某种独特财富，这个更真实的自己有时候被称为内在的智慧，又或者被称为灵魂或者内在自我。

发现自我的财富

　　——通过审视反省内心，我们更清楚地认识自己，知道我们可以为世界创造怎样的价值。

　　中国古代哲学家老子曾经写道："我教学生的只有三样：简单、忍耐、同情。　这就是我认为最大的财富。"[4]我相信这位古代圣贤列出的这三样财富来源于他对生活的感悟，所以我们也要通过生活总结出我们自己认为真正珍贵的财富。　不管我们教哪门学科，哪个年龄段的学生，只要将这些财富传授给他们就好了。

除了老子总结的三样财富以外，在前一章中许多老师还为我们展示了他们发现的其他财富：自由、爱、感恩与智慧。所有这些财富都是精神上的，因为只有精神会贯穿生命的始终，只有属于精神的财富才会为我们带来真正的改变。然而找到精神上的财富很不容易，需要我们不断反省生活的初衷，反省日常的行为以及感受，这样自我才能真正得以成长。于是那些曾经让我们焦虑的不再困扰我们了；那些曾被我们批评的人，现在我们却对他充满了好奇，甚至是尊重；我们能认识到自己的不足，但又不会影响自信心。教学的工作就好似一面镜子，给我们提供了一个自我反思的机会。通过审视反省内心，我们能更清楚地认识自己，知道我们可以为世界带去怎样的财富。当你读这篇文章时，可能就在细细思考你要如何与人分享你的财富，哪些财富是你的学生和学校需要的。

简单

我们经常说要过简单的生活，那通常意味着缩减开支，扔掉某些多余的东西。当然那是有必要的，但教学上的简单更多的是指能根据客观情况及时调整教学计划和目标。工作中我们需要不断反省避免过分偏执，给自己或者其他人带来痛苦甚至是伤害。

温斯顿·丘吉尔（Winston Churchill）曾经说过："适当的准备是

必要的，但计划永远赶不上变化。"[5]教学需要提前做准备。 无论是操练课还是辅导课，没有准备就去上，只会是一场噩梦。 而一味地坚持计划不允许有任何改动，又只会让我们错失很多教育良机。 记得那位在风尘暴来临时拉上窗帘的老师吗？ 的确，有时候学生们突发奇想的提问可能会打乱我们的教学计划；一位同事带着她新生的婴儿突然拜访也可能打乱我们的生活计划。 在那样的时候我们能否愿意依据现实情况改变自己的计划呢？

教学中的另一种简单是指少说多听。 不要总是一个人讲了又讲，照本宣科式的讲解对学生来说意义不大，有时反而会让内容更复杂。 有一次我正试图用不同方式解释某个较难的概念，一个学生举手站起来，简明扼要做了小结，然后说："这就是你想要讲的吧？"

生活、学习以及人的思想本身的确复杂，不能随意简化。 所以我们提倡的简单教学仍然需要尊重学科本身的复杂性，不能草率地删除某些内容不讲，但讲解应该尽可能简单清晰，只有在学生提出更多问题的时候再进一步说明。 要知道知识不是被讲懂的，是学习者主动习得的，这就是简单教学的思维模式，对于老师和学生都有益处。

我认识一位活动指导员，他的指令总是非常简洁。 三言两语就解释清楚了一个复杂的活动，在教学中还留有适当的空隙时间。 而我也遇到过一直讲个不停的活动指导员，他不断重复指令，不断鼓励大家，一有空闲就又再讲解一遍。 因为不得不留意听他的话，我都顾不上关注自己的动作。只有当老师们简化了教学，学生们才有自己思考的空间，才可以真正将所学的融会贯通。

忍耐

——有耐心的老师才能帮助学生探索自己的方法，按照自己的进度学习。

如果放手是简单化的关键，那么放慢就是忍耐的关键。我们生活在一种急匆匆的文化之中。司机们对于前面开得慢吞吞的车缺乏耐心，行人们经常不等交通灯变绿就横穿马路，学生们在教室之间穿梭不停。行为上的匆忙催生出一种急不可耐的文化氛围。匆忙是会传染的，一不小心，我们就可能和周遭一样变得急躁不安。有时候，只有慢下来才能看清楚真正发生了什么，才能判断是否真的是紧急情况，是否有必要着急。

忍耐与慢下来的价值很少被人重视。事实上，很多人都不愿意慢下来，因为那仿佛是年老的表现。我常听到一些老年人抱怨说："我现在大不如前了""经常感觉疲倦，做事情也不能做久了""有时候，中午还得睡一会儿"。

其实无论哪个年龄阶段，如果凡事可以放慢些，多些耐心，生活将变得多么惬意呀！记得蒙台梭利幼儿园的老师乔伊吗？在教小朋友时他懂得控制节奏，注意观察并耐心等待让小朋友们自己找寻方法解决问题。　这些小朋友们是多么幸运呀，可以按照自己的进度学习，不被有经验的人催促。

　　有耐心的老师才能帮助学生探索自己的方法，按照自己的进度学习。　关于教育，阿尔伯特·爱因斯坦（Albert Einstein）说："我从来不教学生什么知识，只是为他们提供学习所需要的各样条件。"[6]老师的耐心就是学生学习需要的条件之一。　学生们投入学习的过程需要等待，他们知道有人在一旁随时给予支持和帮助就可以了。　我曾经带领过一次灵修退省，我告诉大家我们的退省只有一条规则："不着急！"这让所有人松了一口气，马上进入状态。　每个人都知道有关精神和灵魂的事情不能着急。　耐心些，学生需要我们多些忍耐。

同情

　　同情显然不是可怜和怜悯，甚至也不完全是同感，但是佛学老师莎朗·萨尔兹堡（Sharon Salzburg）指出同感能引发我们对别人的同情。　她认为对别人的处境有同感不是说我们真的能够体会和他人一样的感受，只是说因为类似的经历，所以能够理解。[7]

　　当某人因为孤独而哭泣的时候，我们可以试着安慰她，对她说我们知道那是怎样的一种感受。　但是事实上没人能真正体会别人的感受，就孤独而言，每个人的感受是不同的。 但是每个人多少都有过孤独和失去的经历，回忆那时的感受可以帮助我们理解别人。 感受虽然不同，但回想起自己也有过伤痛，可以引发我们对别人的同情心。

我相信这份同情心对于老师们来说很重要，因为老师们经常和学生打交道，学生们的感情和行为来自他们的生活经历，而老师不能了解学生的全部生活，所以有时候很难懂得他们的感受，体谅他们的难处。 想象一下，有一位学生的哥哥在前天的一场枪击事件中去世，我们可能很难真正体会这位同学的感受，但是我们自己可能也经历过类似悲伤与愤怒的时刻，回忆自己在那时的感受可以帮助我们真正从内心同情体谅这位同学。

在乔伊的故事里，他不喜欢幼儿园，所以爬上滑梯顶端不下来，坚持让妈妈给他换幼儿园，妈妈虽然不能真的体会乔伊有多么难受，但她在那时一定想起了某个自己难受的时候，所以能够同情乔伊，理解并尊重他的请求。 她知道乔伊之所以站在滑梯顶端不是出于威胁而是从内心深处希望得到帮助。

自由

　　——新的视野可以将我们从旧的思想或者信仰中解放出来。

　　在基督教的《圣经》中有句话是这样说的："真理必会使你们获得自由。"（《若望福音》八章三十二节）我想每个人在生活中都有一种体会，那就是我们不总愿意听实话。 一次，我有一个朋友连续几周和我谈起她的婚姻生活，听完后我犹豫着对她说："我感觉你仿佛受到精神上的虐待。"她立马表示质疑，否认在她身上存在那样的情况，但后来她却告诉我虽然当时她否认了我的观点，但后来不得不承认正是我的那些话帮助她清楚看到真实情况，从而知道如何着手解决问题。

　　新的视野可以将我们从旧的思想或者信仰中解放出来。 记得有一次我很惊讶地听到有人将上帝称为"她"，我的第一反应认为这是多么大的一个错误呀！ 但这句话却让我重新思考上帝在我心里是怎样的形象。 我意识到我周围的文化习惯将上帝视为男性，但其实对于上帝的认识可以更丰富。 即便是今天，我仍然不完全认识上帝是什么样的，但我知道那绝对不止一种可能性，我以前的认识其实是很局限的，只是我自己一直都不觉得，直到被别人的一句话点醒。

我们中的许多人，特别是许多学生，以为自由就是不要人管，没有任何束缚，但其实自由远非如此，我们还必须想想打破束缚后要怎样。 自由应该是为了使我们发现更多的潜能，养成更好的习性品行，增强自我约束力，让生活更充实，更有意义。

当我们给予学生们自由时，这点尤为重要。 所以我们需要为他们做出一种示范，让他们知道自由不单纯是挣脱束缚不要人管，自由更是通过自身努力过上理想的生活。 杰西卡·耶格尔选择自己在家教育孩子，是因为她希望可以亲自为孩子们设置更完善的课程，摆脱学校体制的局限，为此她认真规划，努力实施。

无论在哪里教书，都会有些规章制度是你不想遵从的。 比如标准化测试让你反感，班级的课程安排你觉得极度不合理，有些会议你不想参加，有些必须学的新 IT 课程你完全不感兴趣。 你希望摆脱这些束缚，可以一心一意地只教书。 你可能觉得这些限制让你不能成为真实的自己。 你梦想着能一劳永逸地跨过这些障碍，以一种全新的更富有创造力的方式教学。 明白自己想要过怎样的生活，并为此渴望获得自由是很重要的，但是有时候有些制度上的束缚是你没有办法逾越的。 请记住外在的客观条件不受我们控制，但内在自我却由我们掌控，无论客观环境如何，我们可以选择在那样的环境中如何做自己，如何利用有限的条件教好书。 这样的自由才是真正的自由，这样的自由才能教给学生真正的财富——无论环境如何始终坚持做自己。

爱

　　爱不仅仅是一种感受；它还是我们存在于世界的一种方式。爱让我们有勇气克服教学中的困难。加勒特·凯泽尔认为爱学生是做老师的基础，甚至是根本，爱学生是成为好老师的动力，甚至可以说："连同学生家长我们也要去爱。"凯泽尔相信真正的老师都会遵循爱的引领。"我甚至把它写成一句警语时刻提醒自己，"他说，"那就是，我要爱学生。"[8]

　　凯泽尔认为爱学生家长也是爱学生的一种方式，在第三章我们一起探讨了在教学中怀有爱心将会如何影响我们的教学效果。克里斯汀·沃尔特斯是丹佛高中的校长，我请她谈谈作为老师，哪些事情最让她高兴快乐，她谈了很多。尽管她也知道作为老师时常会感到沮丧、头痛，但是如果不去过多地关注细节，只是回顾作为老师一路走过的这些日子，她觉得一切都让她热爱。

感恩

　　海蒂·鲍斯特是一所商学院的教授，她开始教书是因为很感激教她二年级的老师，那位老师定期带海蒂去一家孤儿院，和那里的孩子们玩耍。海蒂问老师为什么带她而不是其他孩子来玩儿，老师说："我相信你有能力为这个世界做点好事，所以我觉得你可以从现在就开始。"早年得到的肯定，深深影响着海蒂，激励她完成一个又一个人生目标，最后找到属于她个人的使命——教会学生们明白积极的精神态度对于他们的日常生活有很大的影响。

海蒂自己就总是对生活充满感激，她不仅仅感谢获得的各种机会，也感谢生活中的哪怕是很小的事情，甚至还感谢那些在成功路上遭遇的困难和挑战。"我努力用一颗感恩的心看待周围和我一起工作的人，"她说，"不管他们是谁，和我有什么关系。 我认为他们都是独特的，依据自己的智慧生活。 我感谢他们出现在我的工作生活中，感谢他们教会我的一切。"

我相信一颗感恩的心就是我们能在自己身上发现的最大财富。成为忍耐的、简单的人可以帮助我们认识一个更广阔的自己和世界，从而能够敞开心灵去感恩周围的一切。 静静地、耐心地陪伴学生成长，放下个人的企图，无论将来如何，此时此刻的相知相处就是值得感谢的。

感觉释然也是感恩的一种。 有的时候那样的感激之情难以言表，所以我们说："哦，谢天谢地！"但是有时候获得释然之前会经历一段痛苦的时光，所以感谢之情也可能来得晚些。 然而只要我们坚持在内心反省，总会在生活中找到值得感恩的东西。 在一个晚餐聚会上，一位女士和我闲聊，她告诉我六个月前她失去了工作。"那时感觉真是糟透了，"她说，"我感觉自己仿佛一无是处，很是自卑。

我不得不重新规划生活，调整自我的定位。那段日子过得很不容易，但我却因此体会了不同的生活，为日后积累了经验财富。现在我甚至感谢那次失业，因为我永远都不会有勇气主动离开那个岗位。"

我相信爱和感恩是相辅相成的两方面。当我们心怀感激时，就可以更好地去爱或者接受被爱。爱别人大多时候是因为我们想要感谢那个人，而当我们被爱时，我们的内心更是会充满感激。感恩可以帮助打开我们的心，接受别人的爱。简单、忍耐、爱，这些精神财富不仅仅让我们对具体的对象充满感激，更帮助我们用一颗感恩的心生活。当我们用一颗感恩的心面对生活工作时，我们才会和克里斯汀·沃尔特斯一样，对教书这个职业说："我热爱它的一切！"

智慧

好像很不好描述智慧是什么，但是当我们看到或者听到的时候，我们知道那就是智慧。我们可以准确地感知智慧，如果我们够谦卑，往往可以在周围人身上发现智慧。而一旦在别人身上发现了智慧，我们也会希望自己能拥有那样的智慧，于是开始寻求，相信智慧存在于我们之外的某个地方。诗人马克·尼波（Mark Nepo）这样描述他自己对于智慧的找寻："我希望成为智慧的人，但是游走多年却未能寻获，最后因为癌症卧床不起时找到了。原来智慧一直在我内心和我讲话，我却一点儿都没去听。"[9]

　　我认为尼波所谓的"没有听智慧讲话"，并不是指真的对话。他是在暗示我们一个人的存在就是一种智慧。 这是个怎样的人，有什么样的生活方式，就是属于这个人的智慧。 因此，我们无需在自我以外去寻找智慧，或者说，没有人可以教会其他人什么是智慧，我们唯有留出空间，让智慧自己显露出来。

　　佛教的禅学传统相信老师不能教会学生飞，只能为学生插上帮助飞翔的翅膀。[10]我想这段美丽的话暗示我们智慧就如同飞翔。 事实上，我认为它们就是一回事。 要如何给学生插上帮助飞翔的翅膀就是教学的艺术之所在。 无论教什么，学生有多大，有多少，老师们要做的就是为他们插上飞翔的翅膀。 而这也是本书的真正主题。

　　我举过好些例子说明有很多老师能和学生们建立起紧密的关系，为他们营造安全的空间氛围帮助他们探索内在的自我。 这些例子告诉我们无论是我们自己对于教学的热爱，还是我们采用的教学方法都是为了帮助学生释放那些已经存在于他们内心的智慧。 如果我们是自信的，我们的学生也会因为我们的榜样而充满自信。 在最后两章中，我们谈到老师们如何通过内在反省释放自我，在工作中不断成长。 自我反省就好像是一缕阳光照进内心深处，帮助我们发现自己独特的财富价值。 老师一边在自己身上发掘智慧，一边帮助学生插上找寻智慧的翅膀，这就是越南佛教僧人一行禅师（Thich Nhat Hanh）所说的："边生活边学习。"[11]

审视内心，发掘潜能

1.你的祖辈以及你过去的经历如何塑造了现在的你？从你的家族来看，有什么教训和传承？

2.你的行为习惯，甚至是你整个人如何因为教学的工作得以改变提升？教学工作如何成就了如今的你？

3.老子写到他只教三样东西——简单、忍耐和同情心。如果换词填空，你会为自己选哪三个词汇呢？你觉得自己最大的财富是什么？

致谢

　　这本书的中心就是讲述老师和学生之间经历的故事。所以我非常感谢在这本书中为我们做分享的老师。他们是：彼得·贝尔，海蒂·鲍斯特，乔伊·切尔尼拉，史蒂夫·利普罗格尔，彼得·施耐德，马克·塞尚，埃里卡·沃克，克里斯汀·沃尔特斯，德纳·维尔班克斯，以及杰西卡·耶格尔，感谢他们抽出宝贵的时间接受我的采访，在和他们的谈话中，我更多地了解到老师这份职业的意义所在。

　　另外的一些故事来自我自己的生活，来自过去这些年里面和我接触过的老师和学生们，他们告诉我自己教书和学习的体验感受。我努力让所有的故事保持原样，但可能因为时间的原因，有的地方我已经不能准确记得了。

　　特别要感谢埃米莉·威奇兰（Emily Wichland），星光之路出版社编辑出版部的副主任，她邀请我写这样一本书，并在我整个的写作过程中给予很大的帮助和支持。 还有星光之路的员工们，正是因为他们在排版、编辑以及出版方面的工作，才最终使得这本书得以完成。 他们是我合作过的最好的团队。

　　我的丈夫吉姆·劳里（Jim Laurie）是我的第一位读者，也是在整个写作过程中给予我鼓励最多的人，为此我充满感激。 保罗和杰米·劳里（Paul and Jamie Laurie）是我的两个继子，他们的故事也出现在某些篇章中，其实他们经常出现在我的书里和演讲中。 我感谢他们不介意我拿他们举例。 我三十年前进入这个家庭，当时他们并不知道自己会出现在某本书中。

　　我还想由衷感谢这些年我遇到的许许多多的学生们。 他们总是乐于向我提问，给我灵感，挑战试探我，也正因为如此我才学到了更多关于教书的东西，感谢那些和学生们一起的教学时光。 我开始写这本书是为了他们，现在我满怀着对他们的感谢结束这本书。

参考文献

前言

1. Gilbert Highet，*The Art of Teaching* （New York：Alfred A.Knopf，1951），viii.

2. Joseph Campbell，*Reflections on the Art of Living：A Joseph Campbell Companion*，ed. Diane K. Osbon （New York：Harper Perennial，1995）.

3. Garret Keizer，*Getting Schooled：The Reeducation of an American Teacher* （New York：Henry Holt and Company，2014），249.

第一章

1. James Hollis, *Finding Meaning in the Second Half of Life：How to Finally, Really Grow Up* （New York：Gotham Books, 2005）, 149.

2. Adyashanti, *Resurrecting Jesus：Embodying the Spirit of a Revolutionary Mystic* （Boulder, CO：Sounds True, Inc., 2014）, 61.

3. Joan Chittister, *Following the Path：The Search for a Life of Passion,Purpose, and Joy* （New York：Random House, Inc., 2012）, 81.

4. Keizer, *Getting Schooled*, 3.

5. Shirley Hershey Showalter, *Blush：A Mennonite Girl Meets a Glittering World* （Harrisonburg, VA：Herald Press, 2013）, 233.

6. Chittister, *Following the Path*, 152 - 53.

第二章

1. Imam Jamal Rahman, *Sacred Laughter of the Sufis：Awakening the Soul with the Mulla's Comic Teaching Stories & Other Islamic Wisdom* （Woodstock, VT：SkyLight Paths, 2014）, 115.

2. Lynn W. Huber, *Revelations on the Road：A Pilgrim Jour-*

ney （Boulder, CO: Woven Word Press, 2003）, 30 - 31.

3. Parker J. Palmer, *The Courage to Teach: Exploring the Inner Landscape of a Teacher's Life* （San Francisco: Jossey—Bass, 1998）, 30.132 Notes

4. David Stricklin, interviewer, *Oral Memoirs of Paul and Kitty Baker* （Waco, TX: Baylor University Institute of Oral History, 1997）, 44.

5. Howard Gardner, *Frames of Mind: The Theory of Multiple Intelligences* （New York: Basic Books, 1983）.

6. Howard Gardner, *Multiple Intelligences: New Horizons* （New York: Basic Books, 2006）, 18 - 21.

7. Stricklin, *Oral Memoirs of Paul and Kitty Baker*, 43.

8. For ideas for teaching through multiple intelligences, see Linda C. Campbell and Bruce Campbell, *Teaching and Learning through Multiple Intelligences*, 3rd ed. （New York: Basic Books, 2003）.

9. Alix Spiegel, "Why Eastern and Western Cultures Tackle Learning Differently," *NPR Morning Edition* （September 2, 2013）.

10. Ibid.

11. Henri J. M. Nouwen, *Reaching Out: The Three Movements*

of the Spiritual Life（Garden City，NY：Doubleday & Company，Inc.，1975），58 - 63.

12. Ibid.，70.

13. Keizer，*Getting Schooled*，165.

14. Bob Smietana，"Agents of Grit and Grace," *Sojourner*（September - October 2014）：28.

15. Steven Dubner，"The Economist's Guide to Parenting," New Freakonomics Radio Podcast（August 17，2011）.

16. Highet，*The Art of Teaching*，64 - 65.

17. Nouwen，*Reaching Out*，63.

第三章

1. Rahman，*Sacred Laughter of the Sufis*，116 - 17.

2. Palmer，*The Courage to Teach*，100 - 1.

3. Ibid.，103.

4. Wayne Whitson Floyd，"Ten Lessons about Being a Learner - Centered Teacher，" https：//albanroundtable.wordpress.com/2009/07/06/resources（accessed December 2014）.

5. Highet，*The Art of Teaching*，48 - 49.

6. Floyd，"Ten Lessons." Notes 133

第四章

1. Eugene Peterson，*The Contemplative Pastor*：*Returning to the Art of Spiritual Direction* （Dallas：Word Publishing，1989），98 – 99.

2. Barbara Brown Taylor，*When God Is Silent* （Boston：Cowley Publications，1998），101.

3. Native American elder Sa'k'ej Hendersong, in Mark Nepo，*The Book of Awakening* （San Francisco：Conti Press，2000），353.

4. Marilynne Robinson，"Our Stories and the Theatre of Awe," *Santa Clara Magazine* （Summer 2014）：39.

5. Rainer Maria Rilke，"Letters to a Young Poet" （Mineola，NY：Dover Publications，2012）.

第五章

1. Henri J. M. Nouwen，*Bread for the Journey*：*A Daybook of Wisdom and Faith* （New York：HarperCollins，1997），12.

2. Viktor E. Frankl，*Man's Search for Meaning*：*An Introduction to Logotherapy* （New York：Simon & Schuster，Inc.，1963）.

第六章

1. Thomas Huxley，to Charles Kingsley，September 23，1860，in "T. H. Huxley Letters and Diary 1860," http://aleph0. clark. edu/huxley/letters/60.html（accessed January 13，2015）.

2. Kathleen Norris，*Amazing Grace：A Vocabulary of Faith*（New York：Riverhead Books，1998），55.

3. Ibid.

4. Ibid.

5. Shunryu Suzuki，*Zen Mind，Beginner' s Mind*（New York：Weatherhill，1970），21.

6. Palmer，*The Courage to Teach*，112.

7. Br. David Steindl － Rast，*Gratefulness，the Heart of Prayer：An Approach to Life in Fullness*（New York：Paulist Press，1984），22.

8. Abraham Joshua Heschel，*Man Is Not Alone：A Philosophy of Religion*（New York：Farrar Straus and Giroux，1951），11.

9. Palmer，*The Courage to Teach*，2.

10. Keizer，*Getting Schooled*，149.

11. Palmer，*The Courage to Teach*，3.

第七章

1. Vincent Harding and Daisaku Ikeda, *America Will Be! Conversations on Hope, Freedom, and Democracy* (Cambridge, MA: Dialogue Path Press, 2013), 64.

2. Ibid., 65.

3. Keizer, *Getting Schooled*, 1.

4. Lao—Tzu, in Nepo, *The Book of Awakening*, 223.

5. Winston Churchill, in Nepo, *The Book of Awakening*, 365.

6. Albert Einstein, www.goodreads.com/quotes (accessed September 2014).

7. Sharon Salzburg, Zencare Podcasts, www.zencare.org/podcasts/ zencare_podcasts.xml (accessed January 5, 2011).

8. Keizer, *Getting Schooled*, 191 - 92.

9. Nepo, *The Book of Awakening*, 285.

10. Roshi Joan Halifax, Plenary Presentation, Spiritual Directors International Conference, Santa Fe, NM, April 27, 2014.

11. Thich Nhat Hanh, *The World We Have: A Buddhist Approach to Peace and Ecology* (Berkeley, CA: Parallax Press, 2008).

相关阅读

Chittister, Joan. Following the Path: *The Search for a Life of Passion, Purpose, and Joy*. New York: Random House, Inc., 2012.

Doughty, Steve. *To Walk in Integrity: Spiritual Leadership in Times of Crisis*. Nashville: The Upper Room, 2004.

Hahn, Celia Allison. *Growing in Authority, Relinquishing Control: A New Approach to Faithful Leadership*. Herndon, VA: The Alban Institute, 1994.

Harnden, Philip. *Journeys of Simplicity: Traveling Light with Thomas Merton, Basho, Edward Abbey, Annie Dillard, and Others*. Woodstock, VT: SkyLight Paths, 2003.

Heider, John. *The Tao of Leadership: Lao Tzu's Tao Te Ching Adapted for a New Age*. Atlanta: Humanics New Age, 1985.

Highet, Gilbert. *The Art of Teaching*. New York: Random House, 1950.

Keizer, Garret. *Getting Schooled: The Reeducation of an American Teacher*. New York: Henry Holt and Company, 2014.

Lindahl, Kay. *The Sacred Art of Listening: Forty Reflections for Cultivating a Spiritual Practice*. Woodstock, VT: SkyLight Paths, 2002.

Moore，Mary Elizabeth Mullino. *Teaching as a Sacramental Act*. Cleveland：The Pilgrim Press，2004.

Nepo，Mark. *The Book of Awakening：Having the Life You Want by Being Present to the Life You Have*. San Francisco：Conti Press，2000.

——. *The Exquisite Risk：Daring to Live an Authentic Life*. New York：Three Rivers Press，2005.

Nouwen，Henri J. M. *Bread for the Journey：A Daybook of Wisdom and Faith*. New York：HarperCollins，1997.

——. *Reaching Out：The Three Movements of the Spiritual Life*.
Garden City, NY：Doubleday & Company，1975.

Palmer，Parker J. *The Courage to Teach：Exploring the Inner Landscape of a Teacher's Life*. San Francisco：Jossey — Bass，1998.

136 Suggestions for Further Reading Schirch，Lisa，and David Campt. *The Little Book of Dialogue for Difficult Subjects：A Practical，Hands — On Guide*. Intercourse，PA：Good Books，2007.

Shapiro，Rami. *The Sacred Art of Lovingkindness：Preparing to Practice*.Woodstock，VT：SkyLight Paths，2006.

Steindl—Rast，David. *Gratefulness, the Heart of Prayer：An Approach to Life in Fullness*. New York：Paulist Press，1984.

Vennard，Jane. *Fully Awake and Truly Alive：Spiritual Practices to Nurture Your Soul*. Woodstock，VT：SkyLight Paths，2014.